営業力を高めると、人生も楽しくなる!

売れる女性営業の㊪ルール

株式会社プラウド代表取締役社長
山本幸美

はじめに

活躍する女性営業には共通点がある

女性活躍推進がトレンドになりつつある現在、少しずつではありますが、働くうえでの男女差がなくなってきているのは喜ばしいことです。

とはいえ、体力的な差や、ライフイベントへの関わり方や向き合い方など、男性との縮まらない差があるのも事実です。

私は全国各地で研修や講演、コンサルティングを通して、次のように悩んでいる女性営業にたくさん出会います。


「成績が思うようにあがらない。やっぱり営業に向いてないのかなあ」

「数字に追われる毎日で疲れる。続けていくのは難しいのでは？」

「上司から営業の仕事を打診されたが、気がのらない……」

「苦手なお客さまや、世代が違うお客さまの対応に苦労している」

「営業の仕事は男性社会。女性営業としての限界を感じている」

「家庭や介護との両立をしながら営業の仕事を続けるのは、難しいのでは？」
「新型コロナウイルスの世界的流行による、営業現場の変化になかなかついていけない」

その一方で、どんな状況下においても、営業の仕事を心から楽しみながら成果をあげ、お客さまからも「あなたが担当で本当によかった」と感謝されながら活躍している、とても幸せそうな女性営業にも出会います。

いったい、何が違うのでしょうか？

彼女たちの体験談を聴いていくうちに、成功している女性営業たちには、ある共通点があることに気づかされました。

本書では、その共通点を8つの分野にギュッと凝縮して、まとめました。

第1章では、**自分らしく活躍し続けるための「心がまえ」**について
第2章では、**お客さまの満足を生む「プレゼン&提案」**について
第3章では、**お客さまの心をつかむ「商談コミュニケーション」**について
第4章では、**ピンチをチャンスに変える「課題解決」**について
第5章では、**お客さまから大切にされる「信頼関係づくり」**について

第6章では、**営業を楽しんで成果を出す「習慣術」**について
第7章では、**リスクをしっかり回避する「困りごと対策」**について
第8章では、**営業力を人生に活かす「幸せの法則」**について

このまま営業を続けることに限界を感じている女性営業や、男性営業にはどうやっても勝てないと悩んでいる女性営業、営業の仕事に就くことに不安を感じている女性にこそ、ぜひ知ってほしいこと、身につけてほしいことばかりです。


そんな私も、営業になりたての頃は、お客さまや上司からまったく評価されない、典型的なダメ営業の代表格でした。

営業を辞めようと思ったのは、一度や二度ではありません。

「やっぱり、私には営業の仕事なんて無理なのでは？」

「毎日の数字から、逃げたい！」

「男性営業には、どうがんばっても勝てないのでは？」

こんな自問自答を、毎日、繰り返していました。

ところが、人一倍遠回りをして、挫折や失敗を繰り返しながら、目の前のことにがむしゃ

らに取り組むことで、お客さまからたくさんのご縁や気づきをいただくことができました。

そして、いまでは3人の子育てをしながら、仕事と家庭の両立に奮闘中ですが、営業で学んだことは日々のすべてに活かされています！

いまだから言えること。

それは、**女性の人生そのものを豊かにしてくれるのが営業**だということ。

営業は、すべてのスキルを身につけることができる素晴らしい仕事です。チャンスがあれば、多くの女性の皆さんに経験してほしいと思っています。

次にご紹介させていただくのは、実際に私の研修を受けていただいた皆さんからの、たくさんのうれしいご報告です！

●「営業力を磨くことで、自分に自信を持てるようになりました。自分らしい営業スタイルを見つけることができて、成績も安定してきました！」（不動産営業）

●「男性に負けまいと必死だったけど、いまはとても楽しく営業の仕事で成果をあげることができるようになって、幸せを感じています」（食品メーカー営業）

●「自分はセンスがないと思いこんでいましたが、営業センスは誰でも磨くことができると知り勇気づけられました。プライベートでもよいことがありました！」（保険営業）

●「営業と家庭の両立に悩んでいましたが、時間的制約は決して無駄ではなく、むしろ生産性を高めるチャンスと捉えて、前向きに取り組めるようになりました！」（広告営業）

●「大切なポイントさえ押さえれば、時代や現場が変わってもムリせず業績をあげ続けることができると実感しています！」（機械メーカー営業）

これは、ほんの一部の声です。

私は、営業力こそが、女性として充実した仕事と人生を手に入れるために欠かせない力であると確信しています。

大丈夫。難しいことは何もありません。

この本に書かれていることを、少しずつでも実践していただければ、必ずあなたもそう感じる日がやってきます。

相手を幸せにして、自分も幸せになれる。そんな営業力を身につけて、あなたの人生にますます磨きをかけていきましょう！

□これから営業職に就く人
□営業成績に波がある人
□自分らしさを活かした営業力を身につけたい人
□時代が変わってもムリせず安定して業績をあげたい人
□営業を一生の仕事にしていきたいと考えている人
□家庭や介護と営業の仕事を両立していきたいと考える人
□女性営業の育成に自信を持てない管理職
□女性活躍推進に取り組む企業の経営者・人事担当者

こんな人にぜひ、お読みいただきたい1冊です。
この本を読んで、さらに魅力的な女性営業が増えることを楽しみにしています。

山本幸美

『営業力を高めると、人生も楽しくなる！　売れる女性営業の新ルール』目次

はじめに……1

第1章 自分らしく活躍し続ける！ 女性営業の「心がまえ」

1 「営業センス」は誰でも磨ける！……18
2 数値目標だけにとらわれていませんか？……20
3 お客さまが惹かれるのは、あなたらしいギャップ……22
4 完璧じゃないから、トップ営業になれる……24
5 〝女性らしさ〟を活かした営業とは？……26
6 「お客さま」ではなく、「自分の大切な人」と位置づける……28

7 「与える」努力をするうちに、自然と力がついてくる …… 30
8 「なぜ、営業をしているの？」 …… 32
9 営業に異動になったばかりで不安だったら …… 34

第2章 お客さまの満足を生む！ 女性営業の「プレゼン&提案」

1 「いい言葉」を使って、自分をプロデュースしよう …… 38
2 言うべきときは、〝ビシッ〟と決める！ …… 40
3 説得しようとするから、伝わらなくなる …… 42
4 プレゼンは、上手に話そうとしなくてもいい …… 44
5 「データ＋トレンド」で説得力のあるプレゼン力を手に入れる …… 46
6 これからの時代は「板書スキル・作図スキル」で差がつく …… 48
7 見積もり・提案プラン作成前には、この一言を忘れずに …… 50

8 クロージングに情熱を注がないほど、お客さまは買ってくれる …… 52
9 お客さまに「選ぶ楽しみ」を提供する …… 54
10 オンライン面談でのポイント …… 56
11 大勢の前でスピーチするときに取り入れたい3つの基本 …… 58

第3章 お客さまの心をつかむ！ 女性営業の「商談コミュニケーション」

1 お客さまの心に寄り添うコミュニケーションの極意 …… 62
2 「聴く」ことのメリットを活かせば何をやってもうまくいく …… 64
3 共感のバランスを意識しよう …… 66
4 営業中、スマートフォンはどこに置いておく？ …… 68
5 お客さまのネガティブな話をプラスに変える雑談術 …… 70
6 お客さまの学歴話を盛り上げるコツ …… 72

7 ネタに困ったときにも、自分のためにも役立つ株の話 …… 74
8 あえてアナログツールを使いこなす …… 76

第4章

ピンチをチャンスに変える！

女性営業の「課題解決」

1 迷ったら難しいお客さまを選んでみる …… 80
2 肝心なのは「回数」よりも「質」を高めること …… 82
3 運命の分かれ道は、価値観が違う人に出会ったとき …… 84
4 お客さまの「ＮＯ」に強くなれば、営業が楽しくなる！ …… 86
5 「最悪のケース」を想定してみる …… 88
6 「クレームは自分を磨くまたとないチャンス！」と捉えよう …… 90
7 予想外の展開に冷静になれる女性営業になる …… 92
8 無理な要望には、「ワンクッション＋努力の痕跡」で断ろう …… 94

9 「お客さまからのセールス」への上手な対処法……96
10 困ったときこそ、最後は〝本音〟が人を動かす……98
11 成果がない日の業務報告で差がつく……100

第5章 お客さまから大切にされる！ 女性営業の「信頼関係づくり」

1 「お客さまの心をときめかせる女性営業」とはどんな人？……104
2 自分のパーソナリティを理解しておく……106
3 お客さまが思いどおりに動いてくれなかったら……108
4 「お客さまの物語」を共有すればするほど、営業が楽しくなる……110
5 「君のような女性営業がほしい！」がゴールイメージ……112
6 自分を支持してくれるお客さまがいる喜びを噛みしめよう……114
7 お客さまを幸せにした数だけ、自分も幸せになれる……116

第6章 営業を楽しんで成果を出す！ 女性営業の「習慣術」

1 魅力的な女性営業は「日々のちょっとしたこと」から多くを学ぶ …… 128
2 新しい文房具でモチベーションを上げる …… 130
3 生産性を高める文房具のそろえ方 …… 132
4 女性営業のための手帳管理術 …… 134
5 営業でハンカチが3枚必要なワケ …… 136
6 冷えは女性営業の大敵 …… 138
8 「カスタマーサクセス」を願う女性営業は誰からも支持される …… 118
9 自分の成長＝お客さまの成長＝会社の成長 …… 120
10 ご年配のお客さまの存在が今後の営業を左右する …… 122
11 お客さまに寄り添う冠婚葬祭トーク …… 124

第7章

リスクをしっかり回避する！
女性営業の「困りごと対策」

1 「女性だからわからないよね？」と言われたら……152
2 プライベートについて質問されたら……154
3 お客さまからのプライベートの悩み相談で好印象を残そう……156
4 女性営業なら知っておきたいお酒のルール＆トークの基本……158
5 会食で、料理の取り分けは誰がする？……160
7 マスクをつけても安心感を与える女性営業とは？……140
8 「コーピングスキル」を高めて、毎日のストレスから解放されよう！……142
9 仕事がやりやすくなる社内の人間関係づくり……144
10 社内の人からも一目置かれるコミュニケーション術……146
11 営業以外の時間の過ごし方……148

6 男性のお客さまからのお誘いにはどう対応すべき？……162

第8章 営業力を人生に活かす！ 女性営業の「幸せの法則」

1 営業が「楽しい仕事」になるか「つらい仕事」になるかの差……166
2 無理してポジティブにならなくていい……168
3 営業は「継続は力なり」の結果……170
4 営業を辞めたくなったときの魔法の一言……172
5 迷ったら、お客さまからの「ありがとう」を思い出す……174
6 売上に波があるときの乗り越え方……176
7 「同時遂行力」がいざというときにものをいう……178
8 女性管理職・女性リーダーの打診があったら……180
9 産休・育休から上手に復帰する方法……182

10　営業の仕事と、子育てや介護の両立に悩んだら……184

おわりに……187

カバー・本文デザイン　荒井雅美（トモエキコウ）
本文DTP　マーリンクレイン

第 1 章

自分らしく活躍し続ける！
女性営業の「心がまえ」

1 「営業センス」は誰でも磨ける！

「営業なんて、社交的な人がやる仕事で、私にはセンスがない」と嘆いていた時期がありました。実際、幼少期からピアノ漬けの毎日を送っていた私からすれば、そう考えるほうがむしろラクでした。

でも、私はずっと営業を続けました。

いま思うことは、**営業センスは必ず磨ける**ということ。

女性営業の新人研修で、「私は人と接するのが好きだから、営業職に就きました」と目を輝かせている人に必ず出会います。それ自体はとても素晴らしいことなのですが、そう話した女性営業が、数年後には「私にはセンスがないから、営業を辞めたい」と別人のようになるのもたくさん見てきました。

そして、多くの女性営業から相談を受けるうちに、気づいたのです。営業センスとは、持って生まれた才能ではないということを。

シンプルにいえば、**営業センスとは、どんなお客さまにも対応できる営業の基本を徹底的にマスターしていること**をいうのだと思うに至りました。

特定の年が近いお客さまだけに上手に営業できたり、女性だけを得意に営業したりするのはセンスがあるとはいえません。性別、年代関係なく幅広い対象の相手に合わせて、柔軟に対応できるのが営業のスキルです。

決して、とっぴなテクニックは必要ありません。ずばり、営業センスを高める公式とは、**「営業の基本×経験」の蓄積**だと思っています。

あいさつや営業の基本マナーはもちろんのこと、敬語やコミュニケーションスキルなどの基本をしっかりと身につけながら、実践を積んでいくことで、しだいにセンスは磨かれていきます。

だから、焦らなくて大丈夫。悩んだら、基本に立ち返って、また一歩前進すればいいのです。それを繰り返していくうちに、**どんなお客さまにも対応できる力となって、一生もののスキル**が身につくことでしょう。

そうすれば、お客さまはもちろん、上司や会社からの評価も高まります。周りから一目置かれる女性営業として、また、魅力的なひとりの女性として、継続的に成長していくための営業力を磨いていきましょう！

2 数値目標だけにとらわれていませんか？

目標を達成したい気持ちが強すぎて、お客さまにしわ寄せがいってしまう女性営業をしばしば見かけます。

代表的な事例が、クロージングです。数字にとらわれすぎると、どうにかして買わせようといった、強引なクロージングが増えます。なかには、売れたとしても、最後まで罪悪感にさいなまれる女性営業もいます。

なりふりかまっていられなくなる気持ちは、痛いほどわかります。でも、お客さまの立場になってみると、どうでしょうか？

月末にクロージングをしてくる女性営業は、〝数字に困っているできない営業〟だと、賢いお客さまほど警戒してきます。結果として、自分の都合を優先する営業だと思われてしまい、相手にされなくなってしまうでしょう。

では、どうすれば数字に振り回されない自分になれるでしょうか。

たとえば、発想の転換。「**月末を締め切りにしない**」から、はじめてみましょう。

月末の締め切りに向かって営業を行なうと、月末がすぎると、気が抜けた炭酸のようになってしまいます。そのため、月初はボーッとすごすサイクルが癖になってしまいます。

勉強で例えるなら、テストに関係なく、日頃からコツコツやっている人ほど成績がブレにくく、安定しているのと同じです。営業でも、月末だけがんばる一夜漬け的な行動スタイルでは、目標を達成できる月もあるかもしれませんが、未達成に終わる月も出てきて、不安定になりがちです。

これまで、各業界で活躍する何万人ものトップ女性営業を見てきましたが、彼女たちは**数値目標からスタートすることが、ほとんどありません**。

いつでも変わらず、「お客さまとの接点」を一期一会と捉えて、ていねいに毎日を積み重ねていきます。商談だけでなく、お客さまとの何気ない会話や、日々のメールや書類の郵送など、何気ない日常のやりとりにも最大限の心配りをして、気持ちをこめて届けることを第一に実践しています。だからこそ、月末以外にも、お客さまのほうから相談にのってほしい、あなただからお願いしたいと自然と依頼が舞い込んでくるのです。

数値目標だけに縛られず、お客さまとのちょっとしたやりとりを大切にしましょう。そうすればきっと、プラスのスパイラルが訪れるでしょう！

3 お客さまが惹かれるのは、あなたらしいギャップ

研修ではよく、「お客さまを惹きつけるためにはギャップが大事です！」と伝えます。

でも、そのような話をすると、胸の谷間が見える服に変えたり、甘えるような声を出したり、変に女性らしさを強調するような女性営業のイメージを抱く人がいます。男性のお客さま相手にそんなことをしてしまえば、たちまち勘違いをさせてしまいますよね。妙な気を起こさせて、面倒な事態に発展することも十分考えられます。

お客さまを惹きつけるギャップとは、もちろん、そのようなことではありません。私がおすすめするのは、**第一印象ではわかりえない、あなたの意外なキャラクターを知ってもらう**ことです。

たとえば、次のような事例です。

- **控えめな女性営業に見えるけど、一人旅で海外の秘境めぐりが好き**
- **華奢だけど、フルマラソンを完走した経験を持っている**
- **活発な女性営業に見えるけど、プライベートでは絵を描くのが趣味**

- **趣味が高じてフードコーディネーターの資格をとった**
- **ヨガのインストラクターの資格をとり、週末には指導をしている**
- **黒髪で日焼けもしてないけど、ダイビングライセンスを持っている**

これ、すべて私がこれまで出会ったトップ女性営業の実話です。


女性営業は、忙しくて仕事のノルマに追われているイメージを抱かれがち。だからこそ、意外性のあるキャラクターほど、女性営業としての商品価値が高まるのです。

資格や誇れるものがなくても、大丈夫。挫折話や失敗談であっても、内容によっては意外なギャップにつながります。

「以前の私は打たれ弱かったのですが、営業の仕事で鍛えられて強くなりました！」でもいいのです。挫折があるからこそ、いまを精一杯頑張っている。そんな人に、お客さまは「応援したい！」という気持ちを抱きます。

女性営業にとって、ギャップは、大勢のライバルの中から、お客さまの記憶に残るために欠かせないもの。あなたも探してみましょう。さらにワンランク上の女性営業になれるでしょう。

4 完璧じゃないから、トップ営業になれる

営業は会社の顔として、こんなイメージを持たれがちです。

「人付き合いのプロフェッショナル」「営業っていうのは人たらし」「営業は、社外では完璧じゃないとつとまらない」――。営業は常に、百点満点の完璧さが求められる仕事と、思っている人も多いでしょう。私も、そう誤解していました。

じつは、**完璧じゃない人だからこそ、成功する可能性を大いに秘めているの**です。

日本でも有数の中高一貫進学校出身の、あるトップ女性営業はこう言います。

「私は、進学校出身で、勉強だけが特技と思われることがコンプレックスです。学歴が私の最高の経歴となるのが嫌で仕方ないんです。だから、学歴の枠を飛び越えて、ひとりの人間として自分を認めてもらいたい、という一心でここまでやってこれています」

他人から見たら完璧に見えるトップ営業であっても、人知れず悩みやコンプレックスを抱えて、必死に克服しようと努力しています。

お客さまに対して誠実なのは、自分に対しても誠実に向き合っているから。だからこそ、お客さまの問題や不安な気持ちに寄り添い、お客さまを引き立てることもできるのです。お客さまだけではありません。チームのメンバーを勇気づけたり、不安をやわらげる貴重な存在にもなれるでしょう。

いまは商品・サービスで差別化しにくい時代です。「誰から買うか」を大事にするお客さまも増えてきています。機械のように完璧なセールストークは好まれませんし、評論家のような冷めたプレゼンも心を動かすには至りません。

では、どのような女性営業が好まれるのでしょうか?

- **口下手だけれど、自分の悩みに共感してくれる女性営業**
- **ベテラン営業ではないけれど、自分の想いにいち早く気がついてくれる女性営業**
- **不器用だけれど、自分のために一生懸命になってくれる女性営業**

こんなふうに、完璧じゃなくても、まっすぐにお客さまに向き合い、営業をするほうが、お客さまは信頼を寄せてくださいます。

まずは、**「お客さまの前では、女性営業として完璧でありたい」と気負いすぎない**ことです。自分を磨き続け、あなたらしい営業スタイルを確立していきましょう!

5 〝女性らしさ〟を活かした営業とは？

「女性らしさを活かした営業って、どういうことですか？」と、研修やセミナーで質問をいただくことがあります。

営業で大切な基本は、もちろん男性にも女性にも通じる共通点はたくさんあります。そのうえで、さらに女性の強みを活かした営業を取り入れたら、まさに鬼に金棒ですね！

女性らしさとは、決して媚びたりすることではありません。**「感情」と「論理」の切り替え上手**を目指しましょう！

女性の強みは感情面に訴えること。たとえば、お客さまからの「冬休みに家族で旅行に行ったんですよ」「夏休みに里帰りをして実家に帰ったんですよ」といった雑談には、男性営業は割とあっさりめに会話が終わってしまう傾向があります。

反面、女性営業は、「お母さん、喜ばれたんじゃないですか？」「○○さんも久しぶりにお帰りになって、ホッとされたんじゃないですか？」と感情面にアプローチしたトークが自然にできる傾向があります。**雑談やアイスブレイクでは、お客さまの感情面に合わせた**

トークを、自信を持って展開していきましょう。

ところが、プレゼンや商談では180度、様子が変わってきます。感情的・主観的なアプローチを控えて、女性が少し苦手とされる論理性・客観性を重視した演出が必要です。「感情」と「論理」の切り替え上手になるためには、アイスブレイクの感情を引きずったまま、プレゼンに入らないのがコツです。雑談をして盛り上がったら、**姿勢を正して、仕切り直しをするぐらいのイメージで商談に入りましょう。**出していただいたお茶を一口飲むなど、ひとつ動作を加えるとより効果的。女性の強みである感情的で温かみのある雑談と、冷静でクールな両面の合わせ技が、よりお客さまの心を惹きつけます。

こうした両面をアウトプットすることで、お客さまに寄り添って感情も理解でき、プロとしての専門性も評価していただける、〝頼りになる女性営業〟のイメージを手に入れることができるのです。

研修の打ち合わせ時に感じるのは、「いまの時代、女性営業にはさまざまな側面を持ってほしい」という会社上層部の方が増えていることです。理由は、お客さま層や価値観、商品のラインナップも多様化しており、営業に求められるものも多様化しているからです。「感情」と「論理」の両面を磨いて、他の女性営業を一歩リードしましょう！

6 「お客さま」ではなく、「自分の大切な人」と位置づける

営業では、**お客さまの自己重要感、つまり、「自分は大切な存在だ」という気持ちを満たす**ことが、成績アップの第一歩になります。

だからこそ、お客さまを〝自分にとって大切な人〟と位置づけて営業をするのです。

一般的にも、大切な人が困っていたら、力になろう、助けようとしますよね。トップ女性営業になればなるほど、お客さまにも同じように応用しています。

この話をすると、「それほど大切だと思っていないお客さまにもしなきゃいけないの？」「嘘をつくことになるから、偽善者じゃないの？」「プライベートなら相談にのれるけど、仕事相手にはそこまで……」などと、消極的なリアクションが返ってくることがあります。

よく考えてみてください。

営業の仕事は、最終的にお金をいただく仕事です。ですから、「お金をもらってから真剣に相談にのりますよ」という態度では、お客さまにとっては敷居が高く感じ、足が遠のく結果になるでしょう。全社○年連続No.1など、よほどブランド力がある人でないと成立

しにくいといえます。

プライベートのときよりも、もっと真剣に、もっと親身にならなければ、ご契約はいただけないはずです。さらにいうと、損得抜きに親身になってくれて、相談しやすいのは、男性営業よりも女性営業のほう。そうイメージするお客さまが多いのも事実です。その強みを活かせばいいのです。

「すぐにご契約ということではなく、よきパートナーとして何でも相談してくださいね！」と、とびきりの笑顔で明るく声をかけてみましょう。


自分の大切な人が悩んでいると思って、ごく自然に営業活動で実践できるように、訓練しましょう。

そのためには、営業活動においても、プライベートでの自分のよさを出していきながら、個人・法人、新規・既存に関係なく、いつでも「大切な人と接する」というスタンスを崩さない意識が必要になってきます。

7 「与える」努力をするうちに、自然と力がついてくる

「話だけでも聞いてほしい」「契約してほしい」「入金してほしい」などと、ついついもらうことばかりを考えてしまいがちなのが、営業の仕事の難しいところです。

知らないうちに、お客さまへの要求が当たり前になっていくと、どうなるでしょうか？

お客さまが喜ぶことよりも、自分が幸せになることばかりを優先するようになります。

たとえば、同じ会社の人同士で、お客さまの取り合いに発展するケースもあるでしょう。実は、**その根底にあるのは、〝不安〟です。**

「売れないかもしれない」という不安を払拭するために、強引にアポをとりつけたり、契約してもらおうという心理になっていくのです。

お客さまから与えてもらう立場にいれば、不安は一時的に軽くなるでしょう。けれど、再び、また月末の恐怖に追われることになります。その恐怖から逃れるために、お客さまに不安を消してもらおうとする。自分中心の営業活動が繰り返されてしまう……。

長年営業を経験してきて強く思うのは、どんなときもお客さまから信頼され、必要とされる女性営業は、**相手に与える努力を惜しまない**ということです。

「相手の気持ちを受け止めて満足感を与える」「相手の気持ちを整理する機会を与える」「相手が新しいことにチャレンジする勇気を与える」「プラスアルファの情報を与える」「新たな気づきを与える」……あげればキリがありません。

買うか、買わないかの場面でさえも、お客さまに選択肢を与えます。こうした〝与える〟作業に重きを置くことによって、お客さまがあなたに対して安心感を持つようになれば、お付き合いは継続していくでしょう。

それに、与える努力をすることで、最終的には、関わるすべてのお客さまの明るい未来を切り拓くために必要なスキルがあなた自身のものになるのです。

自分がほしいものを先に与える立場に回ることで、あなた自身の運気を引き寄せます。それを信じて、与えることを惜しみなくできる女性営業になりましょう！　そうすれば、きっとお客さまはどんなときも、あなたを必要としてくれるはずです。

8「なぜ、営業をしているの？」

突然ですが、あなたはなぜ、営業という仕事をしているのですか？

あなたは、すんなり答えられるでしょうか。

先日、ある女性営業から、訪問先の社長さんに「なぜ、営業をしているの？」と質問され、ふさわしい返しができずに困った、といった相談を受けました。

研修や講演でも、「なぜ、営業をしているの？」「誰のため？」「何のため？」と質問すると、9割以上の女性営業が「お金のため」「生活のため」と金銭報酬的な回答をします。過去の私もきっと、そう答えていたでしょう。

実は、**経営者や幹部ほど、その答えしだいで、深く付き合ってもよいかどうかを見定めている**といっても過言ではありません。私も過去に同じ質問を受けて、納得のいく返しができず、そんな営業とは付き合いたくないと、取り引きが叶わなかった苦い経験をしたことがあります。

そのため、〝自分だけのオリジナルの答え〟を探し求めるようになりました。あるとき、

「消極的な自分を変えたいから、営業をしている」と正直に打ち明けたところ、「応援してあげるよ。あなたが困ったら、いつでも言ってきなさい」と、思いがけずうれしい言葉が返ってきたことを、いまでも鮮明に覚えています。

その言葉どおり、営業の数字が思わしくないときに、「今月は大丈夫？」と心配をしてくださったり、注文をして支えてもらったりしました。

人を育てることに心をくだいている経営者や幹部ほど、志を持っている人が好きです。

営業で訪れた目の前の女性営業が、どういう理由で営業という仕事に就き、どんな思いで商品やサービスを扱い、それによって、どのように自分の会社の成長につなげようとしているのか。その背景やストーリーに対してお客さまが共感して納得すれば、結果は自然とついてきます。

営業を選んだ理由として、自分の「**人間的な成長**」が何かを探して、前向きに語れるようにしておくと、今後の営業活動に必ず役立つはずです。

商品やサービスで差別化しにくい時代だからこそ、ひとりの人間として、人柄そのものを評価してもらい、結果として、「会社ではなく、あなただから契約をしている」と、長いお付き合いができる女性営業を目指しましょう。

9 営業に異動になったばかりで不安だったら

女性活躍推進の流れから、さまざまな職種から営業職に打診されるケースが増えています。人事・総務などの内勤業務から「営業でがんばってほしい！」と異動になる人も珍しくありません。

何の前ぶれもなく辞令が出ると、「そんなつもりで入社してないのに……」とか、「社外でそんなにテキパキやれる自信がない」など、「なぜ私が？」と戸惑う人もいるでしょう。

そんなあなたに伝えたいこと。それは、**営業への打診は、決してマイナスではない**ということです。むしろ、営業は、キャリアを飛躍させるうえで、欠かせない登竜門のような仕事です。その理由は単純明快。お客さま対応をする営業の現場を熟知することで、どんな部署でも活躍できる土台をつくることができるからです。

実際、人事やマーケティング、技術職、経営層などで活躍する女性の中には、営業的な仕事を経験している人が少なくありません。

まず、営業を経験することによって、**会社の全体像が見えてきます**。営業は人が相手です。そのため、自分が思ったとおりにならないことが多い仕事です。だからこそ、**どんな人が相手でも、臨機応変に対応する力がつくのが何よりの強みになります。**

営業の経験は、早ければ早いほどよいでしょう。

案外、いやだと感じていた営業をやってみると意外とはまったりして、悪くないと思うケースもよくあることです。何を隠そう、私もそのひとり。営業力を身につけることは、長いキャリアを切り拓いていくチャンスです！

イケイケで自信たっぷりの人よりも、控え目で謙虚なタイプの人のほうが、結果的に、お客さまから評価されて長続きするといったことはよくあることです。だから、安心してください。

さらに、営業力は人事やマーケティング、技術職や企業経営などに限らず、プライベートにも大きな影響を与えるスキルでもあることを、私自身ものすごく実感しています。人はひとりでは生きていけません。営業を経験することで、人とのよりよい関わり方を模索しながら、幸せな人生を引き寄せるヒントにもなるはずです。

とにかく、あまり難しく考えず、また最初から苦手意識を持ったりせず、これから活躍するためのチャンス！　と思ってのぞんでほしいと思います。

POINT!

女性営業の「心がまえ」

- □ 営業センスは「基本×経験」の積み重ね！
- □「月末締め切り」を思い切ってやめてみよう！
- □ 自分らしいギャップで、魅力を演出しよう！
- □ 完璧ではない人こそ、成功の可能性を秘めている！
- □ 感情モードと論理モードの使い分けで女性の強みを最大化しよう！
- □ お客さまを“大切な存在”と位置づけて未来を切り拓こう！
- □ “もらう側”ではなく、“与える側”に回ろう！
- □「営業をしている理由＝人間的な成長」を探そう！
- □ 営業職は、あらゆるキャリアをレバレッジさせる！

第2章

お客さまの満足を生む！
女性営業の
「プレゼン＆提案」

1 「いい言葉」を使って、自分をプロデュースしよう

特に細やかな配慮を期待される女性営業にとって、言葉の使い方ひとつで命とりになることも。**営業センス＝言葉選びのセンス**、といっても過言ではありません。

ちょっとした一言とはいえど、言葉の選択しだいによっては、お客さまとの関係が変わってくる場合もあります。

たとえば、お客さまに請求書を送ったものの支払いがなく、こちらから確認の連絡をとった場合を考えてみましょう。

× 「料金をお支払いいただかないと利用できなくなりますので、お手配をよろしくお願いします」

○ 「料金をお支払いいただきますと来月からも引き続きサービスをご利用いただけますので、お手数をおかけいたしますが、○月○日までにお支払いをよろしくお願いします」

前者のように「二重否定表現」をするなど、ネガティブワードを発することによって、お客さまが次のステップに進むモチベーションも失速します。

一方、後者のトークでは、支払いの督促をソフトに伝えたうえで、お客さまとの支払いの約束もとりつけているため、とても効率的です。

一般的に、支払いの催促について話題にしにくいと感じる女性営業が多いでしょう。しかし、言葉の選び方ひとつで、お客さまとの関係をよくすることにも一役買います。

営業はイメージ商売です。身だしなみも大事ですが、言葉の印象も同じように重視し、言葉による自分の見られ方を意識しましょう。

商品がきれいに装飾され、棚に陳列されるように、営業も**いい言葉を使って、自分自身をプラスにプロデュースする力を身につけましょう。**

営業は、お客さまに評価してもらって、自分の価値が上がります。日頃、何気なく使っている言葉を見直して、お客さまからの高評価につなげましょう。

2　言うべきときは、〝ビシッ〟と決める！

厳しいようですが、営業の世界では、優柔不断な人ほど淘汰されます。お客さまは、自信がない女性営業から買いたくない、というのは当然のことだと思います。

そんな私も、昔はオドオドして、「こんな人が営業担当で大丈夫？」とお客さまから心配されたことは一度や二度ではありません。話を根掘り葉掘り聴いたうえで、「どうでしょうか……？」と尋ねるばかりで、自分の提案もろくにない、なんとも頼りない営業でした。これでは、わざわざ会って相談する意味もありませんよね。

だからこそ、皆さんには、言うべきときに言える、ここぞというときには自信を持って提案できる営業になってほしいと考えています。ただ、誤解してほしくないのは、それはズバズバと物言いを歯切れよくすることではありません。唐突すぎるし、押しの強さが目立つだけです。いきなり土足で踏み込むようなトークは絶対にＮＧです。

活躍する女性営業は、まず「このプランがいいかもしれない」「それであれば、この商品が合っているだろう」とアタリをつけています。そのために、お客さまの状態を把握していきます。お客さまからいろいろと話を聴いたうえで、「お客さまには、この商品・サービスがお合いになると存じます」と、さりげなく「これがいいかもしれませんね」と提案するからこそ、プロとして頼りにされるのです。

このとき、何より心がけてほしいのは、**結論から話す**こと。お客さまから一番嫌われるのは、何が言いたいのかわからない、ダラダラした話し方です。

女性は論理的な話し方が苦手という人が多いことを、日々の研修でも実感しています。商品説明でも、お客さまからの質問に答える際にも、すべて**「結論＋理由」をベースにトークを組み立てる**と、自然と論理的で明快な話し方をマスターできます。たとえば、

「先日のお話を踏まえて、本日はこちらのご提案内容を作成してまいりました。御社の現状課題から、こちらのプランがよいのではないかと考えております」

「先ほどのご質問につきまして、結論から申し上げますと、こちらのコースが一番課題を解決していただけるのではないかという理由からおすすめでございます」

このように、結論や、これからはじまる話の全体像を最初に共有することで、話の道筋がはっきりし、ブレがなくなります。次に、その結論に至った理由を添えれば、自然とお客さまの納得度や興味も高まります。結論からトークを組み立てることで、お客さまに気持ちよく〝聴く態勢〟に入っていただけるようにしましょう。

3 説得しようとするから、伝わらなくなる

多くのお客さまは、営業から説得されると反発心を抱くようになります。どういうことなのか、事例を見ていきましょう。あなたがお客さまの立場なら、どう感じますか？

女性営業「このトップス、いま入ってきたばかりで、売れ筋のラインですよ！」
お客さま「あ、そうなんですね」
女性営業「そうなんです！　お買い求めいただくなら、いまがチャンスです！」
お客さま「そうですか……」
女性営業「このスカートと合わせると、お似合いですよ！　どうぞ鏡で見てください」
お客さま「あ、いまはいいです……」（そんなに好きじゃないし……）

お客さまを押せば、お客さまは引き、逆に営業が引けば、お客さまが押してくる。この押し引きのバランスをとれるかが営業には求められます。

しかし、女性営業から、説得が苦手という相談をよく受けます。無理してぐいぐいと説得しようとすると、我が強いと思われたり、品のない営業というレッテルを貼られる可能

性も。これは個人営業も法人営業もまったく同じ。どんな営業も、お客さまのイメージをより明確にするために、ときにはサポート役に回ることも必要です。お客さまをエスコートするイメージして、自然な流れでトークを進めていきましょう。

女性営業「お仕事でお使いですか?」
お客さま「はい。そうです」
女性営業「お持ちのスカートやパンツは何色が多いですか?」
お客さま「白が多いかな」
女性営業「お客さまがお持ちのスカートなら、こんなイメージになります(白を持ってきて)」
お客さま「ああ、いいかも」(うん。これは合うな)

こんなふうに、お客さまがほしがっているものを尊重しながら、お持ちのコーディネイトをリアルに再現します。第一線で活躍している人は特に、自分が主導権を握りたいと考える人が多いもの。説得しようとすればするほど、買わされたくないという反発心が生まれます。だからこそ、〝自分で選びたい〟という欲求をかきたててくれる、余裕のある女性営業から、お客さまは買いたいと思っています。

いまの時代、お客さまのほうが情報を持っていたりします。女性営業に押されて買う自分は好きじゃない。そういう顧客心理も知っておかなければいけません。

4 プレゼンは、上手に話そうとしなくてもいい

私がまだ新人営業の頃の話です。

当時は口下手で人見知りだというコンプレックスを持っていましたから、流暢に話せないことに悩んでいました。

そんな私は、営業なのだから、お客さまから「話し上手・プレゼン上手」だと思われたいという呪縛に人一倍とらわれていました。商品パンフレットを両手に持って、何度も何度も自分でプレゼンの練習を繰り返しました。ときには先輩にロールプレイングの練習に付き合ってもらうことも。

なんとか最初から最後まで商品説明ができるようになって、お客さまを前に説明をしていると……途中であくびをされたり、時計をチラチラ見られたり。

「なんで、こんなに一生懸命、説明をしているのに、話を聴いてくれないの？」

過去の私のように、一生懸命プレゼンをしているけれど、聴いてもらえない、商品が思うように売れない人も少なくないのではないでしょうか。

実は、このような悩みを抱えている女性営業の多くは、商品説明を長々としている傾向にあります。同時に、上手に話そうと思えば思うほど、かっこいい伝え方にこだわったり、商品知識をひけらかすような、ひとりよがりな、いわゆる〝自己陶酔型〟の説明になってしまうので注意が必要です。

トップ女性営業ほど、説明が短いものです。もっというと、端的で洗練されています。それは、プレゼンで最も大事なのは、お客さまが知りたいことや、お客さまにとって必要な情報を優先して〝わかりやすく〟お伝えすることに徹しているからです。

その明快なプレゼンに惹きつけられ、説明をほとんどしていないのに、「買わせてほしい」と、多くの女性営業からすれば信じられないようなことを、お客さまから言われることもあるのです！

営業においては、上手にかっこよく伝えるのは二の次だということを、忘れないでおきましょう。上手に説明しなければという呪縛から逃れて、知識や情報のひけらかしに酔うことなく、お客さまに必要な情報を取捨選択し、わかりやすい説明でお客さまの心をキャッチすることに集中してください。

そうすれば、どんなお客さまからも支持される、効率のよいプレゼンスキルを手に入れることができるでしょう。

5 「データ＋トレンド」で説得力のあるプレゼン力を手に入れる

お客さまに信頼されるためには、データを示すことが大切です。

お客さまは「根拠」をほしがります。周囲で耳にしたことを話したり、女性の感性に頼って個別の事例を持ち出しても、客観性や根拠がない意見は、取り入れたがらないお客さまが少なくありません。客観的な情報を豊富に集め、「論理的だ」という評価を高めることに力を注ぎましょう。それはえてして、「女性営業はマクロ情報に弱い」という印象を持たれがちだから、という現実があるからでもあります。

たとえば、あなたが若くても「弊社の取引先の3割が……」「御社の同業界の○％が……」などと具体的な数字で語ることで、「この女性営業は若いけど、知識や経験が豊富」という意外性が生まれます。

資料作成やプレゼンでは、一次情報と呼ばれる国や公的機関のデータ・調査結果を優先的に用いましょう。特に上層部のお客さまほど、「ああ、そうだよね」と納得する人が多いからです。

実際のプレゼンでは、**マクロ→ミクロと順番に話を進めていく**と効果的です。

たとえば、「世の中はこうなってますよ」→「業界の他社ではこうなってますよ」→「ご利用されているお客さまはこういう方が多いですよ」と大きな情報から、そのお客さまの置かれている状況、個人であれば年齢・性別など、だんだん身近な情報へと近づけていくのがコツです。プレゼンは、**「何を理由にすすめているのか？」「なぜ、この商品やサービスを利用するのか？」の根拠・理由**がないと納得してもらえません。

さらに、トレンド・先進事例を業界のリードしている企業について話ができれば、プロとして認められやすくなります。個人営業でも、「世の中では……」→「あなたと同じ性別、立場の人もこういう傾向があります」→「いま、流行に敏感・トレンドの先端を行っている人はこんなことをしている」というプロセスで情報提供を行ないます。すると、「自分は遅れているかもしれない」と、お客さまが成約に前向きになることにつながるのです。

有能な女性営業は、締め切りなどの時間で変に焦らせるよりも、トレンドから置き去りにされることに焦らせるほうがいかに有効かをよく知っています。

データを盛り込むことで、「この女性営業は、自分よりもよく知っているから信頼できる」という反応につながっていきます。その結果、「困ったことがあったら相談してみよう」と、あなたをトレンドに強く、頼りにできる存在だと位置づけるようになります。

6 これからの時代は「板書スキル・作図スキル」で差がつく

営業、会議、打ち合わせで求められるコミュニケーションの手段は、面と向かって話すだけではありません。

これからの時代は、より短い時間で成果が求められます。そのうえ、お客さまとの商談や打ち合わせといっても、オンラインでの営業など、これまでのように会いに行くだけが主流ではなくなりました。その結果、これまで以上に、よりわかりやすく、スムーズに伝える手段が必要になってきました。

そんな時代に、成績優秀で表彰される常連メンバーのような、トップ女性営業たちが秘かに磨いているのが、とっさに使える「**板書スキル・作図スキル**」です。

面談でもオンラインでも、口頭での説明だけに頼らず、その場でホワイトボードや紙を使って図式化したり、イラストにしたりできる女性営業は必ず一目置かれます。

最初は難しく感じるかもしれませんが、**図で示すことで、口頭で説明すると理解が難し**

い内容でも、何倍もシンプルに理解してもらえるようになるので、とても便利です。

私の経験上、オンラインで図式化できるようになると、同じ説明をしても、半分くらいの時間で倍以上の深さの理解をしていただけるという実感があります。

事前に作成するプレゼン資料は、ああでもないこうでもないと、ある程度時間をかけて作成できます。しかし、とっさの板書や作図はそうはいきません。

日頃から、「図の使い方」に慣れておくことをおすすめします。社内でも、誰かに説明するときは、なるべく図式化してみる習慣を身につけるとよいでしょう。


図式化するときに、大切なこと。それは単純明快にすること。これに尽きます。

「この図で、相手に何を一番伝えたいのか？」という点を重視しましょう。

女性営業にとって、ホワイトボードなどへの図式とは、単なるプレゼンツールではありません。自分の考えをわかりやすく投影する武器なのです。逆に、頭の中で整理されていない人の図はとてもわかりにくいものになります。

同じテーマで自由に図式化してみると、まさに十人十色。完成した図を見比べてみると、その人が「どの視点から何を考え、何を重視しているのか」が溢れ出ています。

7 見積もり・提案プラン作成前には、この一言を忘れずに

「よし、このプランでおすすめしよう！」と自信満々に見積もりを提案したにもかかわらず、契約まで至らなかった……という経験はありませんか？

法人・個人営業問わず、お客さまには、ある程度の予算があります。商品やサービスの説明をいかに魅力的にできても、予算的にどうしても厳しいとなれば購入や契約とはなりません。

女性営業の中には、料金的なことを切り出すのが苦手という人もいます。また、お客さまがなかなか金額について本音を言ってくれず、はぐらかされるということも。

そんな人は、以下の一言を添えることで、お客さまの予算に対する本音を知ることができます。

「○○さまにいろいろとお話を伺わせていただきまして、私自身、とてもご縁を感じております。料金が合わずにご一緒できないということは本意ではございませんので、できれば事前におおよそのご予算の範囲をお伺いできますと幸いです」

その後、実際に見積もりプランの提示となりますが、何度も工数をかけずにパッと一度で済ますのがスマートな営業です。

トップ女性営業は、見積書やプランもバラエティに富んでいます。

「**お伺いいたしました御社の課題やご予算を踏まえまして、いくつかの御見積書を作成させていただきました。課題解決に向けてご一緒させていただければ、とてもうれしいです。それでは、順番に内容を説明させていただきます**」

ここでのポイントは、予算の範囲内にとどまらず、予算を超えるプランも一緒に用意しておくことです。遠慮することはありません。実際に、商品やサービスで会社や個人的な課題を解決したり、明るい未来を切り拓けるという期待を感じていただければ、最初の予算を多少オーバーしてでもご契約いただけることは少なくありません。

予算を超える見積書は遠慮がちに、最後に出すほうがいいと考える人もいます。でも実は、**真ん中あたりにさりげなくしのび込ませて、提案に山場をつくる**のが効果的です。

お客さまのご予算を超えたプランを交えて、どの順番で説明をしていけばより効果的なのかというところにまで思いをめぐらせて提案していくことで、説明にも深みが出てくるでしょう。

8 クロージングに情熱を注がないほど、お客さまは買ってくれる

クロージングに情熱を注げば注ぐほど、どういうわけか結果がついてこない。そんな経験はありませんか？　契約をいただく瞬間は、営業にとって醍醐味といえます。過去の私も、クロージングに力を入れなければならないと、必死でした。

でも、大切なのは、**クロージングの前までに、懸念点をクリアにしているかどうか**です。

クロージングに情熱を注ぐだけの営業は、〝後の祭り的な営業〟ともいえます。クロージングが失敗するのは、「買わない理由」がまだ残っているからです。お客さまは、まだモヤモヤした気持ちでいるのに、それを押し切って買わそうとするから、購買意欲が冷めていくのです。

お客さまが不安に思っていることや疑問点、過去に同じようなサービスを利用して、失敗したと感じている点など、恥ずかしいと思っていることまで教えてもらい、懸念点を一つひとつ丁寧に解消していくことが何よりも必要です。

たとえば、相談の段階で、お客さまの懸念点をつぶす例をご紹介しましょう。

お客さま　「女性だけの研修なんて初めての試みだから、無事、稟議がおりるかな？」

女性営業　「御社の女性活躍推進の課題やご要望に合わせてご提案させていただきますので、ご安心ください！　無事開催していただけるよう、私もご提案書づくりなどお手伝いさせていただきます」

お客さま　「それなら安心しました！」

女性営業　「ご不明点などございましたら、ご遠慮なくおっしゃってください」

このように、商品やサービスの説明の中で、お客さまの懸念点にフォーカスして話せば、契約に向けて自然と話がつながっていきます。もしも、そこで決断できないお客さまがいたとしても、焦ったり、残念な気持ちになる必要はありません。なぜなら、お客さまの心理として、いろいろと相談にのってもらったというよい印象を持ち帰ってもらえれば、**「あの人にもう一度相談しよう」と戻ってくる可能性が高い**からです。

クロージングに情熱を注ぐのではなく、クロージングに至るまでの過程において、お客さまの懸念点を限りなくゼロに近づけましょう。そうすれば、お客さまのほうから「買いたい」「契約したい」と申し出てくれるはずです。

9 お客さまに「選ぶ楽しみ」を提供する

営業では、お客さまに**「自分で決めた」「いい買い物をした」という納得感を持ってもらう**ことを常に念頭に置くほうが、明らかにプラスに作用します。

お客さまに選ぶ楽しみを提供するのは、法人営業でも個人営業でも同じです。

「Aという商品が絶対的におすすめですよ」と提案されると、Aにするか、購入しないか、という二者択一を迫られます。逆に、

「お客さまのご要望には、AとBとCという商品がマッチしています。今のところ、どの商品が御社のご要望にマッチするとお感じになられましたか？」

と提案することで、選択肢が増えますよね。これが、お客さまの購買意欲や選ぶ納得感を高めます。特に法人の場合、稟議をあげたり、「比較検討」というステップがあることが多いです。

自分の上司に報告をするときも、「○○がいいから、これにします！」ではダメです。「○○という目的を達成できるであろうA・B・Cという商品があって、検討した結果、

こういう理由から○○社のAという商品に決めました」とロジカルな検討ステップをとります。

見て、知って、イメージする楽しみ。こんなふうになるんじゃないか？　と明るい未来を想像する楽しみは、結果として、お客さまが決裁担当者だとしても「自分の評価がどうなるのか？」という観点にもつながります。人からどう見られるか？　会社から担当として自分がどう評価されるか？　ほめられるか？　というところにもリンクしてきます。

検討したいというお客さまには、「今日は○○さまとご一緒させていただき、とてもうれしかったです！　ご検討される中でご不明な点やご要望などございましたら、いつでもお気軽にご連絡くださいませ」と明るくお声がけしましょう。

自分のペースで説明を押しつけるのではなく、お客さまと一緒に選ぶ楽しみをイメージできるようなプレゼンを考えてみましょう。

10 オンライン面談でのポイント

新型コロナウイルスの世界的な蔓延により、オンラインでの打ち合わせや商談に対するニーズが高まっています。オンラインツールを上手に使いこなせば、これまでは手の届かなかった遠隔地への営業活動や、時間の効率化を高めることで、より多くのお客さまへの対応が可能になるため、私たち女性営業にとってもメリットが多いといえます。

オンラインでのメリットを享受するためには、それに見合った「事前準備」が肝心です。特に慣れないうちは準備に手間取りますので、30分前には準備を済ませておきましょう。

オンライン面談で最適な環境とは、写真スタジオや、テレビ局の撮影スタジオをイメージしてください。自宅でも、ちょっとした工夫でそれに近づけることができます。

●**画面の背景**……顔映りを明るくするために、なるべく白をベースに。私はスタジオ風にするため、自宅にもパーテーションとスタンドライトを用意して、顔映りが明るくなるよう光を当てています。ネット通販で比較的安価に手に入ります。

●**声**……特に相手が複数人の場合は自身の声を拾いやすくするために、外付けマイクを用意します。自身の声がより鮮明になり、相手への聴き漏れを防ぐことができます。お客さまの声が聴こえにくいときに備えて、ヘッドフォンも用意しておくと◎。

●**服装**……暗い色の服装だと、間違いなく印象が暗くなります。オンライン面談ではパステル系など、できるだけ明るい色を選ぶのが基本です。

●**目線**……パソコンが下にあるため、どうしても目線が下がりやすくなります。箱や本を重ねてカメラが目線と同じ高さになるように調節しましょう。目線は画面ではなく、カメラに合わせましょう。通信が途絶えた場合に備えて、すぐに電話ができるよう事前に共有しておくこと。画面越しのため、つい素の自分になりがちです。笑顔も忘れずに。

画面を通じてなので、特に初対面では親近感が湧きにくいのも事実。まずは軽い雑談を織り交ぜながら、本題へとステップを進めていくイメージを持ちましょう。相手が複数の場合は、特定の1人とだけ話さず、画面の先にいる人全員に「ご質問や、聴き取りにくかったところはありませんでしたでしょうか?」と対面以上に、最後まで配慮を絶やさないようにしましょう。オンラインで成果をあげるためには、お客さまから**「会わなくても生産性が高く、今日は話ができてよかったです」**と言ってもらうのがゴールです。

11 大勢の前でスピーチするときに取り入れたい3つの基本

1対1のプレゼンは得意でも、複数の相手になると、場の雰囲気をつくれずにあわててしまう女性営業はとても多いものです。聴衆から「あっという間に時間がすぎた」と評価してもらえるスピーチを実現するコツは、次の「3つの基本」に注目することです。

1つ目の基本は、**共感を呼ぶ「声と目配り」**。相手が複数の場合、当然コミュニケーションスペースも大きくなります。普段どおりの女性の声量では聴き取りにくくなってしまいます。わかりやすく話す大前提は声にあります。遠慮せず、普段よりも大きめの声で、参加者全員が聴き取りやすいボリュームを意識しましょう。そして緊張を緩和するコツは全員への目配りで、一人ひとりに語りかけることです。

2つ目の基本は、**魅力的な「自己紹介」**。簡単に済ませる人が多いのですが、スピーチする内容をより真剣に聴いてもらうために、聴衆からの共感や興味を引き出すための重要なファクターですから侮れません。会社名と名前、担当業界だけでなく、営業の醍醐味や、営業をしている理由、お客さまからこんなことを言われてうれしかったことなどストーリーを持たせて自己紹介することで、キラリと光る印象に。失敗から成功へのストーリーも受けがよいです。

3つ目の基本は、**「テーマ」と「ストーリー」の両軸を取り入れて聴衆を巻き込む**こと。本題に入る冒頭に必ず「今日は、○○社さまの広告業界の最新トレンドと、これからの時代に業績を伸ばす秘訣についてスピーチさせていただきます」とテーマについて一言添えて、聴衆の意識を同じ方向に向けます。ここで肝心なのが、「この話はいまの自分に有益な情報だ」と思っていただくキャッチにすること。最適なのは、論理的なストーリー作成に欠かせない**「空・雨・傘」モデル**。空が曇っている（事実）→雨が降りそうだ（解釈）→傘を持って行こう（行動）というストーリー展開です。

「最近の業界トレンドとしては……こんなふうに変化しています（事実）。時代の変化に無策な企業は業績低迷の傾向があらわれてきました（解釈）。いまこそ時代に合わせた新たな取り組みをはじめて、業績を伸ばすチャンスです！（行動）」

このように「空・雨・傘」理論を意識することで、事実をもとに解釈し、解釈をもとに具体的にどんな行動をしていけばよいのか、スムーズに導くためのストーリーが完成することで、場全体が自然と納得ムードに包まれていきます。

POINT!

女性営業の「プレゼン＆提案」

- □ ちょっとした一言の選択にも心配りをしよう！
- □ シンプルな結論を導こう！
- □ 説得は厳禁。お客さまをエスコートしよう！
- □ プレゼンはわかりやすさ重視の伝え方に徹しよう！
- □ 数字やデータに強くなり、有能な印象を残そう！
- □ とっさに頭の中を図式化できるスキルを磨こう！
- □ ご予算を把握して、抑揚のある提案をしよう！
- □ 懸念点をつぶして、脱・無理なクロージング！
- □ 選ぶ楽しみを提供すると、気持ちよく検討してもらえる！
- □ オンライン面談でワンランク上の女性営業を目指そう！
- □ スピーチは、声と目配り・自己紹介・テーマとストーリーを押さえよう！

第3章

お客さまの心をつかむ！

女性営業の「商談コミュニケーション」

1 お客さまの心に寄り添うコミュニケーションの極意

成績がいい女性営業ほど、「この人だったら話してもいいかな」「この人だったら信頼できるかな」と思わせる瞬間を、必ずといっていいほど提供できています。

では、「この人だったら話してもいいかな」と思わせるのは、いったい、どんな瞬間でしょうか？

それは、相手を思いやる〝**利他の心**〟が伝わるときです。

売上よりも、お客さまをよくするために、「一生懸命、何かできることはないかな？」と必死で見つけようとしているのがわかる瞬間です。「お客さまにとって必要なもの、役に立てるものを一緒に見つけたい！」という思いが伝わる瞬間です。

そのためには、**まず素直でいること**。「まだまだ知らないことがある」と、知ることに対して謙虚さを持って、お客さまに対応しましょう。情報やデータを調べて事実を解明したり、商品の中から検証しようとすると、「この人ならパートナーになれそうだ」と前向きな評価につながっていきます。

その下地ができていれば、「ここだけの話を聴かせてほしい」と切り出しても、答えてくれやすいものです。

「お客さまの心に寄り添うコミュニケーション」というと抽象的ですが、実はとても論理的で人間心理に基づいています。それは、**自分のものさしだけで、お客さまの立場や気持ちを決めつけたり、思い込んだりしない**ということ。

つまり、わたしたち営業の立場だけで、営業活動に終始しないということです。

そうすれば、お客さまの価値観、考え方、課題、置かれている立場、予算、納期などを決めつけることなく、どんなお客さまにも対応できる、柔軟なコミュニケーション力を手に入れることができるようになるでしょう。

お客さまのために、手伝いやサポートができないかなと、意識して営業してみましょう。一時的には自分にとって犠牲を払うことがあっても、長期的に見れば、自分が報われます。結果として、自分の業績や成績となって、あなたのもとに返ってくる日が訪れるはずです。

2 「聴く」ことのメリットを活かせば何をやってもうまくいく

トップ女性営業ほど、**話を聴くことに対して人一倍神経を使っています**。お客さまのことを「大事に思っています！」「認めています！」といった態度や行動を前面に出す人が多く、その最も顕著な動作が「聴く」ことなのです。

当たり前のことですが、お客さまの話を聴かずして、的を射たアドバイスはできません。お客さまの話を丁寧に聴けば、お客さまは必ずあなたに安心感を抱きます。そして、リラックスして本音で話をしてくれるようになるでしょう。

それは、心を開きやすくなるからです。たとえ初対面であっても、初めて出会った気がしないという感覚にお客さまの心が変化していくことさえあるのです。聴くことのメリットを活かせば、営業をやっていて「楽しい」と感じる瞬間が増えていくはずです。

逆に、「話す」ことばかりに意識が傾倒しすぎると、自己主張が激しい女性営業という印象を持たれることもありますので注意が必要です。

感情を静めて、冷静に状況を判断するスキルは、相手の話をよく聴くことで身につけることができます。また、男性よりも女性のほうが持っているといわれる「共感スキル」を磨く土台にもなります。そうすれば、人とのコミュニケーションがラクになって、何かと自分の身を助ける場面もたくさん出てくるでしょう。

聴くスキルは、経験や知識がつけばつくほど乏しくなるスキルでもあります。そのうえ、人から指摘されにくいスキルです。だから、自分ではできていると思っても、いざ、研修でチェックテストをやってみて、初めて弱点に気がつく人が多数です。

だからこそ、いま一度、お客さまの話をちゃんと聴くことができているかを点検してみることで、他の営業に差をつけるチャンスになります。持って生まれた素質や才能ではなく、お客さまに寄り添い、聴くトレーニングを日々積み重ねることで、洗練された営業力を身につけることができるのです。

聴くスキルが上達すれば、短い時間で相手の言いたいことを引き出せる生産性の高い営業も実現できるようになります。さらにいうと、ワークライフバランスを実現するためにも必須の、オンでもオフでも使える重要スキルといえるでしょう。

3 共感のバランスを意識しよう

一般的に女性営業は、男性営業よりも高い〝共感力〟が強みとされています。ところが、興味のある話題とそうでない話題とで、共感度にあからさまに差がついてしまうと、かえって好感度を下げてしまいますので、注意が必要です。

たとえば、女性営業の趣味が野球観戦だとします。

お客さま「この前の休み、プロ野球を見に行ったんだよ！」
女性営業「え！　どこの試合ですか？」
お客さま「ヤクルト対横浜！」
女性営業「うらやましいです！　私も2年前に行ったのが最後で、また見に行きたいなと思ってはいるんですけれど」
お客さま「へ～。行ったことあるんだ。やっぱりリアルで見たら迫力あるよね」
女性営業「すごい迫力ですよね！」

このように野球観戦に興味があれば、トークも自然に進みやすいでしょう。お客さまの話を聴いて、「うんうん。わかります」と深くうなずいたり、笑顔になったりします。ところが、興味がないサッカー観戦の場合ではどうでしょうか？

お客さま　「この前、日本代表の試合を横浜まで見に行ったんだよ！」
女性営業　「そうなんですね……（サッカー？　話せることないんだけど……）」
お客さま　「やっぱり日本代表クラスになると、練習から技術の高さが違うよね！」
女性営業　「そうなんですか……」（苦笑い）

このように興味がない話題になると、リアクションも悪くなり、笑顔も減り、静かになります。なかには、話題を変えようとするケースも。お客さまも「あれ？　変な話をしたかな？」と気になってしまいます。

自分が関心のないテーマで反応できないままだと、その話題に興味がなかったということがわかってしまいます。営業としてだけではなく、人として付き合いづらい印象を与えかねません。共感するのは女性の強みですが、バランスよくすることを意識しましょう。

興味がある話題と、興味がない話題とで、リアクションに差をつけすぎないようにコントロールするのがプロの女性営業。共感のあるなしにかかわらず、お客さまの話には、あいづちを打ち、聴いているという反応やサインを送りましょう。

4 営業中、スマートフォンはどこに置いておく？

先日、とある企業の役員の方からこんな相談をされました。

「最近の営業の人は、なんで、お客さんと話をするときも、テーブルの上に堂々と私物であるスマートフォンを置くのかな？」

詳しくお話を伺ってみると、お客さまとの会話の中で、疑問に思うことがあれば、すぐにスマホで調べる営業が増えているというのです。

それだけならまだしも、しばらく調べものに夢中になり、その間の会話は生返事で、上の空……。腹立たしい思いをしたとのことでした。

一方で、まったく触りもしないのにテーブルの上にスマホが置かれていると、会話の中身を録音されているのかと不審に思うこともしばしばあるようです。当の営業からすれば、そんなふうに思われているなんて、みじんも思ってはいないでしょう。

実際に、別のお客さまからのお返事など、急ぎの案件をすぐに知りたいという理由から、あえて営業中にスマホを常に見えるところに置いておきたいと考える女性営業が増えています。

あるアメリカの大学の研究結果によると、スマホを机の上に置いてテストを受けたグループと、スマホを別の部屋に置いてテストを受けたグループの点数を比べたら、後者のほうが得点が高かったといいます。

つまり、スマホが視界に入っているだけで注意力が失われ、仕事や勉強の集中力が下がるということなのです。いつも見えるところにスマホがないと落ち着かない状態になると、「依存症」レベルだそうです。

こうしたことからもわかるように、マナーや生産性の両観点から、よほどの事情がない限りは、営業中は、スマホはかばんの中にしまいましょう。マナーモードにしておくほうが無難です。

お客さまの中には、営業と関係のない私物を置かれることに対して疑問を持つ人もいる、ということを、常に忘れないでおきましょう。

目の前のお客さまに真正面から向き合い、集中してこそ顧客満足は得られるものであるという初心を胸に刻み、明日からの営業にのぞみましょう！

5 お客さまのネガティブな話をプラスに変える雑談術

雑談をしていると、お客さまからネガティブな話を切り出されることがあります。営業経験が浅いと、ひたすら沈黙してしまい、お客さまにため息をつかせるだけになることも。そんなときは、湿っぽくならず、発想の転換を図り、質問をすることで明るい話題へとトークを変えていきましょう。

なじみがない地域で働くことに不安を持つお客さまのケース

お客さま「地縁もない地方に赴任させられるなんて思ってもいなかったです。車通勤なのはいいのだけど、寒いのが本当に苦手なんですよ」
女性営業「寒いのは私も得意ではないです！　それにしても、車通勤は魅力的ですよね」
お客さま「まあ。都心の満員電車と比べればね」
女性営業「それに自然が豊かだと、ゴルフやウィンタースポーツも楽しめますよね」
お客さま「そうなんですよ。一人暮らしをしてまして、毎週のようにゴルフをしているんですよ。おかげさまで、1年半ぐらいでかなり上達してきました」

女性営業　「それは、いいですね！　ゴルフ上達の秘訣は何でしょうか？」

お客さま　「いろんなゴルフ場を回ることですね。とにかく経験を積むことです。試行錯誤でいろいろクラブを試してみて、わかってくるのも面白いですね。奥が深いですよ。知り合いもいないから、最初は右も左もわからなかったけど、平日は仕事に集中できるからかえってよかったかな」

残業続きのお客さまのケース

社　内　「今週は、締め切りの案件が複数あって、毎日残業だよ」

女性営業　「それだけ優秀な○○さんに仕事が集中してるってことですよね。朝も早くから出勤されて素晴らしいです！　早起きする秘訣はありますか？」

社　内　「朝のモーニングのセットを食べにいくのを楽しみにしています。コーヒーでスカッと目を覚ますんですよ。朝に楽しみを見つけることかな」

否定的な意見を肯定的に受け止め、「秘訣は？」と聞くことで、「成功している」「うまくいっている」という肯定感を生み、プラスの会話に転換して話を進めましょう。

6 お客さまの学歴話を盛り上げるコツ

お客さまと話をしていて、何気なく会話に出てくるのが学歴の話です。高校、大学や、学閥の話、偏差値、中高一貫校についてなど、多岐にわたります。

学歴の話題に強くなれば、お客さまの、また違った側面に触れることができます。場合によっては、お客さまの生い立ちや人生観を丸裸にすることもできるのです。

ここで興味がないそぶりを見せてしまうと、その後の商談もなかなか進展しないといったケースもありますので、知っておいて損はありません。

学歴話に手っ取り早く花を咲かせるコツは、**文化・芸能・スポーツ・ビジネス界の著名人の学歴リストを作成して、頭にたたきこんでおく**ことです。

実際にあったケースで見ていきましょう。

お客さま　**「私は○○中学（難関私立）に合格したんですけどね、断って公立中学に進学したんです。家庭が裕福ではありませんでしたから。その後、地元の国立大学**

に進学しました」

女性営業　「親孝行でいらっしゃるんですね！　きっと親御さまも喜んでおられたんじゃないですか。ビジネス界で著名な○○社の会長さんもご出身ですよね。堅実な経営でファンが多いですよね！　私も数冊、本を拝見したことがあります」

逆に、学歴で自虐的になるお客さまもいらっしゃいます。そんなときは、

お客さま　「○○大学は、いまは偏差値も高くなってるみたいだけど、私の頃は誰でも入れましたからね～」

女性営業　「○○大学は、芸能人の△△さんもご出身ですよね！　クイズ番組に出て、高学歴タレントとしてご活躍ですよね。ちなみに、学部はどちらですか？」

と、著名人をからめて話をすれば、会話が一気に盛り上がります。

何歳になっても、学歴の話は色あせるどころか、色濃く刻み込まれていくのかなと感じることもあるほど、さまざまな人生模様が見え隠れします。これを機に、学歴話に強くなって、お客さまのまた違った一面を垣間見ながら、楽しいひとときを共有しましょう！

7 ネタに困ったときにも、自分のためにも役立つ株の話

お客さまとのちょっとした雑談をするとき、ネタに困ったことはありませんか？　そんなとき、ワンランク上の女性営業だと思われるネタのひとつとして「株の話」があります。

お客さまの中には、ＦＸや株式投資など資産運用をしていらっしゃる方がいます。特に資産に余裕のあるご年配者は、その率が高くなる傾向にあります。そのことからも、金融市場、特に株式の話題に強くなっておいて損はしません。

たとえば、いま話題の「なでしこ銘柄」をご存じですか？　経済産業省と東京証券取引所が共同で、女性活躍推進に関するスコアリングの基準に基づき、優れた企業として選定した銘柄のこと。この企業に投資すると、リターンが得られますよ、といわゆるお墨付きのようなものです。こうした女性の活躍による社会貢献を通して企業価値を向上させようとする国や企業の動きも知っておくと一目置かれます。

意外に見落としがちなのが、**第一線で活躍する人ほど自社の株を持っている人が少なく**

ないということ。「最近、御社の株価が上がっていますよね」と話すだけでも、女性営業として経済にも詳しい印象を残せますし、お客さまとの話題にも共通点が見出せます。

お客さまの中には、「うちの会社の株価も知らないのに、ノコノコ営業しに来ているのか？」と、場合によってはネガティブな反応を示される方も。実際、幹部クラスになるほど、株価の動向が話題に出ることも多くなります。「自社の株価動向を答えられない社員はいらない」という上場企業の役員の方もいらっしゃるほどです。

ただし、誤解されがちなのが、株式の動向に強くなるためには多額の資産を運用しなくてはならないのか？　ということ。答えは「ＮＯ」です。

いまではインターネットで現在の株価だけでなく、数年間の株価の動向を簡単に調べることができます。加えて、株価の掲示板などで市場のクチコミなどの反応を知ることもできます。株式を保有しなくとも、株価をチェックするだけでも十分リアルに市場の動向や企業経営・株主政策を実感することができ、会話に自信が持てるようになるはずです。

もし、株に興味を持っているなら、実際にやってみてもいいと思います。いまなら数万円の小額でもスタートすることが可能です。銘柄によっては配当金を得ることもできます。

8 あえてアナログツールを使いこなす

現代の営業では、お客さまとのやりとりの多くがメールなどのデジタルツールです。社内でのやりとりでさえ、すべてをメールで済まそうとしがちです。

確かに、タブレットなどのデジタルツールで営業活動をすると、効率的です。しかし、「すぐに知りたいけれど、メールだと、営業がいつ返信してくるかわからない」「メールに書きにくい内容なので、電話で話がしたい」などとストレスを感じるお客さまも少なからずいることを忘れないようにしましょう。

お客さまは時間を効率的に使いたいのに、それができないとあっては、顧客満足度は下がるいっぽうです。お客さまが私たち営業を希望する背景には、ネットショッピングなどでは味わえない人とのつながりを求める方もいれば、会って話をしないと納得感のある買い物ができないと考えるタイプの方もいます。

また、メールなどデジタルツールのみの対応は、事務的で冷たい印象を与えかねません。

それらを解消するのが、「**電話**」の存在。特に、お客さまにお礼をお伝えするときは、電話で伝えられないか、模索してみましょう。

「どうしても○○様にお礼をお伝えしたくて、お電話をいたしました！」

「お仕事のお忙しい時間帯かと思ったんですけれど、手紙やメールではなくて直接お礼をお伝えしたくて」

と感謝を伝えると、温かみを感じるものです。お礼の気持ちをメールではなくて、電話で伝えることで意外性が生まれ、言われた相手はうれしくなります。

ただし、気をつけないといけないのは、「この人はいつも突然、電話をしてくるのかな？」という心理的負担を与えないことです。また、相手が子育て中の女性や、介護などで時短勤務など時間の制約がある場合は、午後遅めの電話は極力避けたほうがベター。そういう人にはメールしたり、朝早めに電話をするなど工夫しましょう。

もしも電話をしてお留守だったら、「お電話をさせていただいたのですが、ご不在でいらっしゃいましたので、メールでご連絡いたします」とメールの冒頭に一言添えておくとよいでしょう。

POINT!

女性営業の「商談コミュニケーション」

- □ 思い込みや自分の価値観は捨てよう！
- □ 「聴く」スキルを高めて、公私ともに充実させよう！
- □ リアクションの濃淡を常に意識しよう！
- □ スマホに頼らず、お客さまに満足していただける営業になろう！
- □ 明るい話題に転換して、肯定感を与えよう！
- □ 学歴話には著名人をからめて会話の花を咲かせよう！
- □ 投資に明るくなれば、会話に広がりが出る！
- □ アナログツールをうまくブレンドしてみよう！

第4章

ピンチをチャンスに変える！

女性営業の「課題解決」

1 迷ったら難しいお客さまを選んでみる

人は迷ったとき、たいてい、「めんどくさいな」「しんどそうだな」などと心のどこかで思っているものです。

営業も同じです。お恥ずかしい話ですが、売れない時代が続いた私も、「ラクなお客さまばかりを担当できればいいのに」「私にやさしく接してくれるお客さまがいいな」など と、逃げ回っていました。

男性営業はガツガツ難しいお客さまにも対峙していく人が多いイメージですが、女性営業は、以前の私がそうだったように、どちらかといえば、守りに入ってしまいがちな傾向があります。

そんな私がいま思うことは、「**難しいお客さまは、営業としての腕の見せ所**」ということ。営業力を短期間で身につけようと思ったら、迷ったときほど、難しいお客さまを選ぶにつきます。

でも、不安に感じる必要はありません。最初は難しいタイプだと感じたとしても、ひょんなことがきっかけで、得意なお客さまに変化することも十分あります。

たとえば、他の営業マンも難しいと感じるタイプのお客さまほど、人との付き合いに悩んでいるケースが多く、ストレスを抱えていることも多い。だから営業マンとの関係でストレスを解放することを、人一倍望んでいるケースが多いのです。

つまり、癒しを求めていることもできます。**営業に直結する癒しとは、課題解決**のことですが、もし、目の前の課題解決がすぐには難しかったとしても、丁寧に話を聴いたり、元気を与えたり、明るい未来を共有することができれば、癒しを与えることにもつながっていきます。

相手を癒す力が高くなると、気難しそうだったり、腹を立てていたり、一見すると契約まで到底到達できそうにないようなお客さまでも、笑顔で契約をしてもらい、長年にわたって顧客となってもらうこともできるのです。

おのずと営業力は高まり、結果も手に入れることができます。

そうなってくると、ほとんどのお客さまはラクに営業活動ができる女性営業になれます。恐れることなく、「難しいお客さまが来たら、うれしくなります！」と周囲から驚かれる営業を目指しましょう！

2 肝心なのは「回数」よりも「質」を高めること

「ありえないんですけど！」と大声で叫びながら、デスクに戻ってきた女性営業がいました。彼女は、ＷＥＢ広告を制作するための訪問をしていました。当初の予定では、先方は担当係長で、初回はヒアリングのみ。次回内容を詰めるという想定だったようです。

ところが、急きょ時間が空いた先方の担当役員が同席することになりました。そして突然、「いくつか広告案を見せて。当然、持ってきてるよね」と、役員から迫られたというのです。

ヒアリングの準備しかできていなかった彼女は、持ち合わせていないことを告げると、「じゃあ、もう来なくていいよ。時間が無駄だから」と言われたといいます。その女性営業は「話が違う！　今日はどんな広告にしていきたいのかについてヒアリングをするのが目的だったはず」と怒りがおさまらない様子。

このケース、何が問題だと思いますか？

それは、彼女が最初から〝回数ありきの営業〟に甘んじていたことです。次のステージに確実に進むためには、**“1回あたりの質の高さ”が明暗を分けます。**

特に役員クラスなど、役職者になればなるほど、多忙な人が増えてきます。だからこそ、回数ではなく質で判断する傾向がより強くなるのです。

1回あたりの営業の質を高めるには、**「事前準備」**と**「振り返り」**の2つが重要な役割を果たします。

「費用対効果をアピールできる資料・情報はないか？」

「ヒアリングだけでなく、簡単な見積もりも何種類か準備しておこう」

「同業他社の提案事例もいくつか持っていこう」

など、少々手間かもしれませんが、多方面からしっかり準備をすることで、お客さまの望む情報を、タイミングよく提案できる可能性が高まります。結果として、短時間でお客さまにとって、一番ストレスがない結果につながっていきます。

また、営業活動が終わったら、一つひとつの商談をさまざまな角度から分析し、次回、それぞれのお客さまに合った情報を、即座に引き出せるよう準備につなげましょう。

そのスパイラルが回り出せば、営業1回あたりの質がグンと高まり、数に頼る営業からの脱却も可能になります。そうすれば、いまよりもたくさんのお客さまに対応できる力をつけることにもなりますね。

3 運命の分かれ道は、価値観が違う人に出会ったとき

営業をはじめたばかりの私は、「価値観が違う」と感じるやいなや、苦手意識を持ち、お客さまへの連絡の頻度や訪問が減っていくという傾向がありました。

「自分とは合わないタイプのお客さまだから、関係が発展しなくても仕方ないだろう」と、なかば開き直っていたのです。

このような営業を続けていると、「相談しても、冷たく距離を置かれたり、自分の正しさばかりを主張してくる視野の狭い営業」と、悪い評価を下されるでしょう。

営業で売れるようになってからわかってきたのは、**価値観が同じ人はいない**ということです。

そもそも、お客さまは、自分と同じ価値観を持っている営業とだけ契約をするのでしょうか？　価値観や考え方が違う営業からでも、契約・購入をしますよね。

お客さまは、違いを受け入れたり、認めたりしてくれることにも安心感や好感を抱きます。価値観の違いを受け入れてくれる営業だとわかれば、「ちょっと人には言いにくいな」

と感じる悩みであっても、「わかってくれるかもしれない」「相談してみようかな」と、お客さまからアプローチをしてくれるようになります。

お客さまは、あなたが違いを受け入れてくれる懐の広い営業なのかを見ています。

違いを受け入れる営業になるためには、まず、「自分とは違う価値観やフィーリングを持つ人との出会いや発見を楽しもう」と心がけることがスタート。〝自分以外の他人はみんな違う価値観を持っていて当然〟と考えれば、人間関係に対するストレスもなくなります。また、互いを認め合い、違いを知ることを純粋に楽しめるようにもなっていきます。

営業で行き詰まる女性営業ほど、「その考えは違う」とお客さまを否定しにかかってしまうように思います。そうすることで、お客さまと敵対関係になることが増えるため、営業活動を自分で面白くないものにしてしまうのです。

目指す姿は、**多様な価値観を受け入れる営業**です。

そのためには、自分本位の尺度ではなく、常にお客さまが楽しんでいるか？ お客さまを満足させているだろうか？ と疑問を持ちながら営業を進めていくことが、何より大切です。

4 お客さまの「NO」に強くなれば、営業が楽しくなる！

営業経験が浅いほど、お客さまのお断りに対する免疫が少ないため、傷つきやすい傾向にあります。私も営業をはじめた頃は、お客さまの「NO」が怖くて仕方がありませんでした。でも、**「NO」はうまく活用すれば、営業力をどんどん伸ばしてくれるありがたいもの**と、経験を重ねるうちに気づいたのです。

たまに、「NO」に免疫があり、いい意味で意にも介さない人がいます。そんな人はお断りに対して、さらに追い討ちをかけるように、強引に営業をたたみかけていきます。しかし、結果はうまくいくはずもありません。

それは、お客さまの望むものと、営業サイドが提供するものが一致していないからです。そんな女性営業は、しつこいと思われるだけでなく、さらには、「ご苦労さんですね」と同情を買ったり、ねぎらわれたりする惨めな結末を迎えることにもなるでしょう。

でも、大多数の人は、お客さまから「NO」を言われるたびに落ち込んでしまうでしょう。何度言われても、慣れないものですよね。断られることは、自分の人生や人格が否定されたわけではありません。だから、必要以上に恐れなくて大丈夫。**「NO」を敵とみなすのではなく、自分を高めてくれる味方だとみなしましょう！**

そこには、営業が努力するためのポイントがいっぱい詰まっています。アプローチ法としては、「今後の勉強のために、他社様をお選びになられた理由をご教示いただけますでしょうか」と尋ねてみましょう。決して無愛想にならずに、爽やかに対応することを忘れないように。

また、「NO」といっても、お客さまが決めきれてないグレーゾーンの場合もあります。たとえば、現時点では、商品内容はあなたの会社がいいと思っている。しかし、予算的に厳しいため、他社に決めかけている。だけど本当は未練がある。予算はなんとかならないのか……と本心では思っているといったケースです。

私自身、そのような経験は何度もありますが、上司にかけあったり、プランの練り直しをすることで、半数以上のお客さまから無事契約をいただけるようになりました。そのときに、思ったのです。「NO」はすべて終わりのお断りではないということを。

だからこそ、目を背けず、お断りの中身をしっかり把握しましょう。「NO」に強くなると、営業での結果が目に見えて変わってくるはずです！

5 「最悪のケース」を想定してみる

以前、転職エージェントで人材紹介の営業をしていたときの話です。

かねてからお付き合いしたいと考えていた企業さま。偶然、担当者の方の年齢が近く、ノリがよいタイプで、商談で意気投合し、「すぐにご希望に沿う転職希望者の方をご紹介します！」と、話を進めることになりました。ところが、ご希望に見合う人がなかなかみつからず、対応に苦慮している矢先、そのお客さまからクレームが。

「山本さんは、すぐにマッチした人を紹介してくれるって言ったのに、全然じゃないか！最初だけ調子がよいことを言って！」とカンカンです。

こうなった原因は、私が見切り発車をしたせいです。契約のキャンセル・返金や、クレームなど、生産性のないことに付き合う時間はお客さまにとっては無意味なものです。期待をしていただいているからこそ、最悪のケースをあらかじめ想定すること。そして、その最悪のケースも場合によってはありうるという事前の共有が必要だったのです。

「経験重視のご採用ということで、人数はかなり限られてくるかと存じますが、○○さま

のご希望に添えるように尽力いたします。もう少し応募の幅を広げて、人物重視のウェイトを高めるのも、成功率を高めるひとつの方法になるかと思いますが、いかがでしょうか」

このようにアプローチすることで、ネガティブになったり、契約がなくなったらどうしようなどと身構える必要もなくなります。

営業は、契約が一番の関心事になりがちです。一方で、**お客さまは契約した後、どのようになるかが最大の関心事**です。そのため、契約後のフォローが万全である点を伝えるだけでなく、万が一、望まないケースに発展する可能性もなきにしもあらず、という点についても事前に伝えておくことで安心感が生まれます。

だからといって、最悪のケースばかりを伝えると、不安ばかりが先行し、契約を躊躇させることにもつながりかねません。それを避けるためには、最悪のケースは考えられるものの、基本的には「前向きで明るい未来に向かって、進んでいきましょう！」というスタンスでトークを展開させること。イメージとしては、**0・5が最悪のケースを伝えるトークで、9・5は明るい未来へのトーク**です。この1割に満たない最悪の想定を織り込むことで、商談が現実的になっていきます。バラ色の未来だけをお客さまに提示し、営業をしたいところですが、最悪のケースをあらかじめ共有しておくことが、結果として営業とお客さまの良好な関係を維持することにつながるのです。

6 「クレームは自分を磨くまたとないチャンス！」と捉えよう

これからは、**クレーム対応力が女性営業の成否を分ける時代**になるのではないかと私は考えています。

実際、クレーム対応をおろそかにすると、平気でSNSに名指しで書かれてしまう時代。リアルの現場でクレームから逃げきれても、ネット社会では、逃げ場がないような状況にもなりかねません。

最近では、「1対9の法則」といって、1人がクレームを言ってきたら、9人もの人がサイレントクレーマーとして同じ不満を抱えているといわれています。

つまり、〝たった1人しか不満を言ってこないから安心〟ではないのです。

「ちゃんと説明をしてほしかった」「思っていたのと違う」などとクレームをいただくと、「文句を言ってきた」「わがままな客だ」と否定的に受け取る女性営業が後を絶ちません。

なかには、「おかしいのはそちらでしょ」「こんなお客さん初めてですよ」などと、お客さまにクレームをつけ、さらに憤慨させる人も……。

お客さまから選ばれる女性営業は、**クレームのお客さまを貴重な情報を教えてくださる、ありがたいお客さまだと位置づけて、課題解決力を磨くチャンス**だと捉えます。彼女たちにとっては、お客さまの生の声が自身、さらには商品・サービスの改善・向上につながることをよく知っているからです。

商品やサービスに対するハード面での不満なのか、それとも営業に対するソフト面での不満なのか。直接的にハード面でのクレームでなかったとしても、「ご利用のお客さまから、○○は不便だというお声をいただきました」と、社内の製造部門などへ要望を届けるチャンスにもなります。そうすれば、商品の改善につながったり、会社のブランド価値向上に貢献することができます。

ある企業のアンケートによると、6割以上の優良顧客が会社のファンになったのは、クレーム対応がきっかけだったという興味深いデータもあります。お客さまはクレームを言ったとき、企業の担当者が自分のために何とかしようとしてくれたことがきっかけでファンになってくれるという証です。

クレームは、あなたの営業力を磨く、まさに学びの宝庫です。だから、怖がらずにどんどんチャレンジしてほしいのです!

7 予想外の展開に冷静になれる女性営業になる

女性営業は感情をコントロールするのが苦手。そう言われることがあります。特に、予想外の展開に遭遇したときに、その傾向が出やすくなります。

不動産販売会社に勤めるYさんも、そのひとり。

ある日、契約を約束してくれていたお客さまから突然、予想外のキャンセルをされてしまいました。しかも、同業他社と契約を結ぶことにしたと知らされ、「どうして約束を守ってくれなかったの⁉」と憤慨している様子。

「ありえない。意味がわかりません！」「最初から契約するつもりはなかったんではないか」などと、怒りは頂点に達したまま感情をむき出しにし、上司に報告をしました。

実は、彼女、このお客さまに限らず、社内外で予想外のことが起こると、いつも冷静でいることができないというのです。

「キャンセルですか。じゃあ、いいです！」と電話をガチャ切りして、ムカついた態度をあらわにしたり、「なんでですか⁉」とケンカ腰になったり、一時の抑えきれない感情を相手にぶつける癖があったのです。こうした態度が、〝感情的で扱いづらい〟といった評価につながり、対人関係が行き詰まっていったのです。

本章4項で、お客さまの「NO」に強くなろうとお伝えしました。お断りやキャンセル、クレームなど、期待していたことが予想外の展開になったときは、動揺したり、ショックを受けて当然です。しかし、そういう場面のときほど、冷静になることを忘れてはいけません。望まない結果も受け入れ、予想外の展開も起きうるということを心にとめておけば、困った場面でも、自分の感情を上手にコントロールできるようになれます。

どんなに売れている女性営業であっても、必ず予想に反して苦い経験をしています。そのように試行錯誤することが一番、自分を成長させることができるのです。

カッとなっても、よいことはひとつもない。これが長年、営業を経験してきた私の結論です。客観的事実を確認し、よかった点、悪かった点を整理しておくことで、未来への対応策を練ることができ、同じような失敗を繰り返しにくくなります。

目の前のことに一喜一憂するだけの毎日は疲れますよね。**弱点を知り、改善できる↓対応できることが増える↓営業力がつく↓魅力的な女性営業になれる！** どんな不測の事態が起こっても、頭の中はクールで、毅然とした対応ができる女性営業を目指しましょう！

8 無理な要望には、「ワンクッション＋努力の痕跡」で断ろう

お客さまから無理な値引きを要求されて、困ったことはありませんか？

営業として一番やってはいけないのは、「わかりました！」と安易に値引きを請け負うことです。安売りや値崩れに拍車をかけてしまい、知らず知らずのうちに営業としての価値をさげてしまう結果に。

さらに怖いのは、安くしなければ買ってもらえないという悪循環に陥ってしまうことです。過去の私も含めて、女性営業はお客さまからの要求に毅然とした態度で断ることが苦手で、我慢をしているタイプの人が多い傾向があります。

もちろん、営業にはできることと、できないことがあります。ですが、はじめから結論ありきで「決まりなのでできません」と杓子定規に断ったりすると、「あの女性営業は何もしてくれない！」とお客さまの不満が膨らんでしまいますので、注意が必要です。

そのような状態を回避する、具体的な言い回しを見ていきましょう。


「私の一存では決めかねますので、恐縮ですが一度、上司に相談をさせていただきます」

「安請け合いしてはかえってご迷惑をおかけしますので、社に持ち帰って、改めてご連絡をさせていただきたく存じます」

要望にお応えするのは難しいとしても、このように必ずワンクッションを入れましょう。あらかじめ無理だとわかっているときも、その場では即決せず、**「ワンクッション＋努力の痕跡」**をお客さまに残しておきましょう。最終的に、やはり値引きが難しいなど、残念な結果をお知らせする場合も、あくまでも〝私はあなたの味方だ〟というお客さまに寄り添う立場からお伝えする言い回しを使うのがポイントです。

「社内で最後までかけあってみたのですが、誠に恐縮ながら、お値引きは難しいという結論になりました。どうか、ご理解とご寛恕のほどお願い申し上げます」

「私としては、ぜひお付き合いをさせていただきたいと考えておりましたので、多方面で検討してみたのですが、ご期待に沿えず大変申し訳ございません」

大切なのは、結果がどうであれ、「私のために動いてくれたんだな」とあなたが一生懸命駆け回ったイメージをお持ちいただくこと。断りの際には、「私は最後まであなたの味方だったんです！」というスタンスを伝えましょう。そんな女性営業に女神は微笑みます。

9 「お客さまからのセールス」への上手な対処法

営業をしていると、お客さま側からセールスを受けることがあります。
そんなとき、どのように対処すればよいのか、トーク例を交えてご紹介しましょう。

お客さま　「あなたの会社の商品を買う代わりに、私の会社が販売しているゴルフの会員権はいりませんか？」
女性営業　「ありがとうございます。ゴルフもしたいんですけど、なかなか時間がなくて……」
お客さま　「そうなんですね」

このように、サラリとかわしたと思いきや、女性営業がお客のひとりとしてターゲットとされているとき、さらに数カ月後に次のような会話が出てくることがあります。

お客さま　「そういえば、この前のゴルフ会員権の話だけどね。割引しとくから、どう？」
女性営業　「特別なお話をいただきましてありがとうございます。実は1年以上前に契約したスポーツクラブへも一度も行けてない状態なんですよ。スポーツクラブからも連絡があったんですけど、忙しくて。いや〜、ダメですよね。かえってご迷惑になりますので、仕事が一段落して、また落ち着いたら、検討させていただこうかなと思います。せっかくのお話なのに、申し訳ございません」
お客さま　「うちも業績が厳しくてね。ぜひ、検討してほしいんだけどね」
女性営業　「もし、パンフレットなどがおありでしたら預からせてもらい、まわりに興味がある知人・友人がいたらぜひ宣伝させてもらいますね！」

実は、このような会話は、私も何度か経験したことがあります。突然、あたかもこちらが検討しているように話を進められそうになったり、先方の上司が同席してセールスを受けることもあります。このようなときは、何度かのステップを想定して、落ち着いて対応すれば大丈夫です。まず、他のやりたいことも時間がとれずできていないなど、直接的な話題から少しズラしましょう。それでも続くようであれば、興味がある知人や友人がいたら宣伝をさせてもらうというスタンスで切り抜けましょう。

10 困ったときこそ、最後は〝本音〟が人を動かす

お客さまは、営業の言葉には、ある程度の建前が含まれていることを知っています。だからこそ、この女性営業は「本当のところはどう思っているんだろうか？」といった建前ではない、**〝営業の本音〟をお客さまは知りたがっています**。

オブラートに包みすぎて、遠まわしな表現をする女性営業が少なくありません。だからといって、思っていることをストレートに口に出せばいいというわけでもありません。

本音は、伝え方がとても大切です。結論からいうと、お客さまの立場に立って、どうすればよいかを考え、本音を伝えることができるかどうかが明暗を分けます。

たとえば、私の例でいうと、

「**私たちの会社は女性活躍推進の立場から、女性社員向けに研修をしようと思っているんだけれど、それって男女差別なのかな。山本さんは、どう思う？**」

「**今度、女性向けのマンションを売り出そうとしているんだけど、壁紙は入居者が選べる**

ほうがいいかな？　女性はどう思うのかな？」

などと、突然質問されたことがあります。

内容に違いはあれど、女性営業のことを頼りにすればするほど、この手の女性の意見を求めるような質問は出てくると思ってください。

一瞬、本音を答えればよいのか、お客さまが好む建前の答えを言えばいいのか迷います。お客さまにとって最適な答えは何だろうか？　本音を伝える場合、どういう伝え方をすれば角が立たないだろうか？　を考えると、最初に次のように前置きをしてから、本音を伝えるとよいでしょう。

「いろんな考え方があると思うんですけど」

「○○さんだから本音でお話するんですけど」

「いまのトレンドでは○○ですが、御社の課題から考えますと」

ここで、いかにお客さまに「聴いてよかった！」と思ってもらえる立ち位置を確保できるかどうかが、大事なポイント。「この女性営業の本音は、また聴きたい」と思ってもらえれば、お客さまとのその後の関係を有利に進めることができるようになります。

11 成果がない日の業務報告で差がつく

2020年のコロナ禍以降、リモートワークが以前よりも加速しました。もともと営業の仕事は、直行直帰というスタイルもありましたから、そんなに抵抗がないという人も、なかにはいらっしゃるでしょう。

ところが、ここにきて、女性営業における、リモートワークの難しさについての悩みが急増中です。

その中でも多いのが、契約など、これといった成果がない日に「1日の業務報告をオンラインや電話でするのが苦痛で仕方ない」という悩みです。

そんな人におすすめの方法は、**「事実」「所感」「明日からの行動」の3段階に分けて報告する**というスタイルです。

「本日は、新規の電話を35件かけましたが、アポイントはいただけませんでした。（事実）
前もって資料をお送りしたり、すぐにご訪問せずに、まずはオンラインでのご面談のア

ポイントを提案してみれば、お約束をいただけたのではないかと感じました。（所感）
明日からは早速、本日お約束をいただけなかった企業さまに、郵送する資料の準備をして、オンラインでのご面談依頼を入れてフォローしていきます！（明日からの行動）」

このように、具体的な解決策や成功要因、明日からの行動計画を取り入れることで、「○○であった」「○○だと思う」などの感想のみで無難に終始してしまう報告から脱却しましょう。

よい報告ができないと思う日においても、実際に行動をしてみて、今後に活かせる気づきを得た成果を上司に伝えて、明日からの具体的な行動につなげます。

営業の仕事において、契約だけが成果ではありません。うまくいかなった日の振り返りや気づきの中から、必ず成功へのヒントが見つかります！

上司に明日からの行動宣言をすることで、「宣言したからには、やってみよう！」とモチベーションも上がりますよ。

POINT!

女性営業の「課題解決」

- □ 難しいお客さまは、営業力アップの絶好のチャンス！
- □ 「準備」と「振り返り」で1回の営業の質を高めよう！
- □ 営業は異なる価値観との出会いを楽しむ仕事！
- □ 逃げずに「NO」に向き合えば、チャンスが増える！
- □ 最悪のケースに触れる勇気が、お客さまの信頼を生む！
- □ お客さまの生の声を知っている女性営業は強い！
- □ 不測の事態こそ感情をコントロールして、冷静に！
- □ 要望に沿えなくても、努力の痕跡を示し好印象を残そう！
- □ お客さまからのセールスには、落ち着いて対処しよう！
- □ 本音と建前を上手に使い分け、頼りになる女性営業を目指そう！
- □ 業務報告のポイントは「事実・所感・明日からの行動」の3段階！

第5章

お客さまから大切にされる！
女性営業の「信頼関係づくり」

1 「お客さまの心をときめかせる女性営業」とはどんな人？

長年営業をしていると、営業と恋愛は似ているなと感じることがよくあります。トップ女性営業は、お客さまから期待され、胸を躍らせるような気持ちにさせるのが得意です。つまり、お客さまをときめかせているのです。

そんな女性営業とは、どんな人なのでしょうか？　決して、美しさや、容姿の良し悪しがメインの条件ではありません。

「○○さんと会っていると元気が出る」

「○○さんと会うと癒される」

「○○さんと会うとチャレンジしてみようと勇気が出てくる」

などと、お客さまが前向きになり、気持ちがプラスに変わっていくような女性営業のことです。

お客さまがときめくためには、相手を癒し、勇気づけるスキルが大切です。そのためには、お客さまの気持ちが沈んでいるときや、困ったり、壁にぶち当たっているときこそ、しっかりと心を傾けて、話を聴いてさしあげることができるかどうかが分かれ道になります。

「なんだか暗い話だな」「運が悪い人には近づきたくないな」などと、マイナスに受け止めていると、お客さまも察知して、距離が遠くなっていきます。

よい時期も、そうでない時期も、お客さまに寄り添うことで道を切り開いていきましょう。そう心がけて営業をすれば、「○○さんに会って相談にのってほしいな」と、営業から距離を縮めようとしなくても、お客さまから近づいてくれるようになります。

現代は、ストレス社会です。アンケート調査によると、成人の8割以上がストレスを感じていると答えています。しかも、原因の1位が仕事にあると答えています。お客さまも、ストレスを抱えて毎日を過ごしているのだと心得ましょう。

だからこそ、一時的にストレスから解放されるようなひとときを過ごすことができれば、営業であるあなたを大切に思ってくれるようになることは間違いないでしょう。いつも心が明るくなるような営業として、見てもらえるようになりましょう。

まずは、「今日はお会いできて、うれしかったです！」とお客さまから言われ、また会いたくなるような存在をゴールに設定して、明日からの営業に取り組みましょう！

2 自分のパーソナリティを理解しておく

お客さまである相手の心理を探り当てるのが、営業の仕事と捉える人も多いもの。反面、自分がお客さまからどう見られているかは、案外わからないものです。

女性営業は男性営業以上に、より細やかなふるまいや対応を期待されています。いまの自分を知ることで、客観的に自分の対応力をプラスに変えることができます。

たとえば、お客さまが待ち合わせ時間に遅れた場面。あなたならどのタイプですか？

①「**時間を守れないなんてダメな人だな！（イラッ）**」
②「**何かなければいいけどな。心配だな……**」
③「**何か遅れるような事情が発生したのだろう。電話して確かめてみよう**」
④「**いやあ、まいったな〜。まあ、もう少し待つとするか**」
⑤「**どうしよう！　困ったな〜。私が時間を間違えたのかな？（オロオロ）**」

人は誰しも5つの心（自分）を持っているといわれています。相手や物事に出会う瞬間に、この5つのいずれかのタイプがより強く前面にあらわれます。

先に選んだ①～⑤は以下のようなあなたの特徴をあらわすものです。

①CP（Critical Parent）：親のように厳しい自分（正義感・道徳心・頑固・独善的）

②NP（Nurturing Parent）：親のようにやさしい自分（世話好き・やさしい・おせっかい・過保護）

③A（Adult）：考えて行動し、冷静にふるまえる自分（客観的・合理的・打算的・理屈っぽい）

④FC（Free Child）：子供のように無邪気な自分（天真爛漫・好奇心・衝動的・わがまま）

⑤AC（Adapted Child）：人目を気にしてしまう自分（協調性・忍耐・我慢・受動的）

実はこれ、心理学から自分を客観的に見ることができる「交流分析」というもの。米国の精神科医でフロイトの弟子でもあるエリック・バーン博士が考案したパーソナリティ理論で、個人が成長するためのシステマティックな心理療法のひとつともいわれています。物事にも、心理状態にもよい面と好ましくない面が存在します。それぞれによい面が引き出せるようにうまくコントロールすることが重要。

具体的な場面に合わせて、〝いまの自分の心の状態〟を考えてみることで、**日常の自分の行動や、相手との接し方を客観的に見つめることができます**。自分をよく理解し、自分をコントロールすることで、お客さまとの関係をさらにランクアップしましょう！

3 お客さまが思いどおりに動いてくれなかったら

お客さまが提案どおりに動かないと、イライラして、口調も変わる女性営業がいます。態度に出ないまでも、内心はイライラしているという人も多いでしょう。

そんな女性営業に対して、「営業は我慢が大切だよ」と教えてくれる上司がほとんどでしょう。確かに、我慢も必要です。しかし、たとえ我慢をしたとしても、そもそも「営業とは、お客さまを説得し、言うことを聞かせることだ」と誤解していると、成績はなかなかあがりません。

なぜなら、**お客さまは、営業の思いどおりにはなりたくないという心理を持ち合わせているからです。**

営業から無理に買わされたくないし、必要のないものまで押し売りされたくない。当日契約は嫌だ……。そもそも初対面の営業から買うことに疑り深くなるのは当然でしょう。そんなお客さまを、たとえ無理に契約に導いたとしても、キャンセルやクレームにつながるだけです。

営業の舞台での主役は、私たち営業ではありません。お客さまです。そして、お客さまの心は、すぐには変えることができません。

そこで求められるのが、**お客さまに合わせて自分を変えて、お客さまの心をつかむ営業スタイル**です。

お客さまはいま、どんな課題を持っているのか？

何に不安を抱え、何に困っているのか？

お客さまからしっかりと学ぶことで、どんな人が相手でも対応できるスキルを身につけることができます。お客さまの気持ちを変えることに腐心せず、自分を変える勇気を持ちましょう。自分を辛抱強くコントロールしていくことで、お客さまは「この人が担当者でよかった」と満足してくれ、あなたへの信頼につながります。最終的には、きっと思いどおりの結果を手に入れることができますよ。

仮に、最終的に選ばれなかったとしても、情報を提供したことや、最後まで尽力したことをお客さまから感謝してもらえる女性営業はとても素敵です。そんな女性営業になるために、押しつけはやめて、あなたからお客さまに一歩、歩み寄りましょう。そうすると、「話してみようかな」「相談してみようかな」とお客さまは心を開いてくれ、少しずつ、あなた自身のペースに持っていくことができるようになるはずです。

4 「お客さまの物語」を共有すればするほど、営業が楽しくなる

営業をしていると、お客さまのこみ入った話を耳にすることがあります。

これは、実際に私が多くの企業さまから受ける相談です。

「いままで社内の人だけで研修していたが、限界がある。社外の人に初めてお願いしなければと考えているが、本心では、社内のことをわかっている人に全部仕切って、講師をしてもらいたいと希望していました。しかし、社員も辞めるし、業績も下がるし……。このままではもうダメだと思って、連絡させてもらいました」

こういったお話を伺うたびに、いつも胸を締めつけられる思いがします。もし私が同じ立場なら、決して、他人に言いたくはないことだからです。

そんなときは、こう思うようにしています。

「営業はお客さまを救うのが仕事。このままの状態で終わらせてはいけない！」

お客さまが営業である自分に接点を持つまでの道のりや経緯を共有させていただくことができれば、仕事は半分終わったものといっても過言ではありません。

当然、思い入れも変わってきますし、そのストーリーをよりよい結果にしてさしあげたいという欲求が湧き上がり、責任感が芽生えてきます。自然と、工夫や努力を重ねることに集中できます。

こうした話題が出ると、せっかちなタイプの女性営業は、「その話はわかったから、頼むの？　頼まないの？」と、先を急いでしまいがち。

こんなときは、お客さまの打ち明け話や会社のエピソードに感謝し、自社の商品やサービスがいかにお役に立てるのかを必死に考えると、道が拓けてきます。結果、「外部講師だからこそ、同業界のみならず、いまの時代に他業界で活躍する人たちの特徴やノウハウをレクチャーさせていただけます！　皆さんに、さらに高みを目指していただけるような、新たな風を吹き込むことができますよう尽力いたします」という強力なメッセージをお伝えすることができるようになります。そうすることで、まるでそのお客さまのために存在しているかのような、かけがえのない商品・サービスに変わっていくのです。

同時に、あなた自身も、お客さまにとってかけがえのない女性営業になっていくでしょう。**数多くのお客さまの物語を知っている女性営業ほど、毎日の営業活動に自信が持てるようになり、営業の仕事が楽しくなっていきます！**

5 「君のような女性営業がほしい！」がゴールイメージ

営業をしていて、とてもうれしい瞬間があります。

それは、**「君のような女性営業がうちの会社にいてくれたらいいのに」**という言葉をお客さまからいただけたときです。

たとえ業界や商品が違っていても通用する営業力を持っているという、最上級のほめ言葉だからです。

その頃から、「営業としてあなたの目標は何ですか？」と質問されたら、迷わず、「お客さまから、『うちの会社で働いてほしい』と思ってもらえるような女性営業になることです！」と答えるようになりました。

その決意表明は、いつのまにか、「お客さまの会社が、社員の皆さんに何を求めていて、どんな営業とお付き合いをしていきたいのか？」ということを、敏感に感じ取るスキルへと変わっていきました。

実際に、法人営業の場合や、お客さまが経営者の場合、必ずといっていいほど優秀な女性営業を採用したいと考えています。

特に今の時代は、さまざまな業界で、女性営業をもっと増やしていきたいというニーズが高まっています。だからこそ、キラリと光る女性営業になることが、あなたの価値をより上げていくのです。

この会社と取引をしたいと切望したとき、つい商品やサービスをＰＲすることで頭がいっぱいになってしまいます。

そんな場合には、ぜひ一度、**お客さまの会社の採用ホームページを開いてみてください**。そこには、その会社がどんな人を求めていて、どうなりたいのか？　を知るエッセンスがたくさん盛り込まれています。

あなたのお客さまが、採用したくなる女性営業とはどんな人でしょうか？

明日の現場で、お客さまが必要としている女性営業像を探ってみましょう。あなたが、いまよりもさらに魅力的な女性営業になるヒントがきっと隠されているはずです！

6 自分を支持してくれるお客さまがいる喜びを噛みしめよう

営業を続けていれば、スランプや落ち込むときが必ず訪れます。そんなときは、「もう営業なんて続けたくない」「誰も私を評価してくれない」などと悲観しがちです。心配や不安が大きいときほど、売上や契約を増やすことに気持ちが焦ります。

男性営業は、どちらかというと、現実の数字と目標が離れていても、数字を追うことにモチベーションを感じるようなタイプが多いものです。ところが、女性営業は違います。数字だけを追いかけると、疲弊して長続きしません。私もそんなひとりでした。

女性営業として何よりも勇気づけられるのは、**自分を支持してくれたお客さまの存在**です。つらいときは、「山本さんだからお願いしたい」「山本さんのような人は他にいない」などと、お客さまに自分の存在を認めてもらえたシーンを思い返します。すると、自然と励まされ、勇気が湧いてきます。

そうしたお客さまがいてくれたからこそ、断られても、大変だなと思うときでも、気持ちを切らさず、なんとか前を向いてこれまで営業を楽しく続けてこれました。

営業は、自分で自分を奮い立たせる手立てを持っておくことで、悲観することなく、常に自信を失わずにいられます。

営業先で受注したり、結果が出たときに喜びを感じる瞬間に加えて、お客さまに大切にされる喜びを感じられるようになれば、営業はやりがいがある仕事だと必ず思えるようになるはずです。まさに非金銭報酬ですね。

大きな達成や昇給だけが自分を奮い立たせる手段ではありません。どんな小さな言葉でも、お客さまから発せられたプラスのメッセージを積極的に受け取り、**なぜ、そのお客さまは自分を支持してくれたのかを考えてみる**のです。

自分を支持してくれたお客さまが多ければ多いほど、「やらなければいけない！」と使命感に似た感情が湧き起こってきます。

やる気が出ないと悩んでいるときは、自分を支持してくれる人を思い出してみてはいかがでしょうか。「私の周りには、いつも私を応援してくれる人がたくさんいる」と感じることで、幸せな営業人生を送っているトップ女性営業は本当にたくさんいます。

7 お客さまを幸せにした数だけ、自分も幸せになれる

私の知人に、販売した家と一緒に、お客さまと記念撮影した写真をファイリングしている、ハウスメーカー勤務のトップ女性営業がいます。

彼女は、ときどきそのファイルを見て、「いまも幸せにやってくれているのかな」と思いを寄せているのだそうです。ファイリングすることで、自身の営業の歴史と、お客さまの歴史とが重なることに幸せを感じているとのことでした。

お客さまの中には、毎年のようにはがきを送ってくださる人もいるといいます。はがきには、家族が増えたことや、こどもが進学したことなど、さまざまなメッセージが書きこまれているそうです。彼女はそれらを見て、「自分はいい仕事をしているな」と実感するといいます。

彼女はこう続けました。

「私の仕事は家を売ることだけではない。お客さまの幸せをつくるのがメインの仕事」

彼女の原動力は、「お客さまの幸せを、家を通じて応援したい」という気持ち。ただそ

のシンプルな気持ちだけで、トップを走り続けています。

もし、営業をただの稼ぐ手段だと割り切ると、お客さまが購入した後に興味が薄れがちになります。そうなると、お客さまも「あの人から買わなければよかった」と、フォローの薄さに購入を後悔しかねません。

あなたは、いまの営業の仕事を通じて、お客さまをどのように幸せにしたいですか？

「私が契約をしたお客さまは、その後どうなっているだろうか？」と思いをはせてみてください。契約は、営業のゴールではなく、ほんのスタートです。満足してくれているだろうか？　困っていることはないだろうか？　と契約後のお客さまに時間を割くことで、新規の営業活動においても、購入後の豊富な事例として情報をいただくことができます。当然、ご契約の提案にも厚みが増してくるようになります。

お客さまからしても、「いい担当者で家を建てることができた」と、満足度が高まります。そうして、「知り合いで興味を持っている人がいるから紹介するわね」とクチコミが自然に増え、幸せの連鎖がはじまっていくのです。

そんな幸せオーラ全開の女性営業は、自然とお客さまを引き寄せます。

8 「カスタマーサクセス」を願う女性営業は誰からも支持される

昨今の世相を表わしているとして、さまざまなところで耳にするようになった「いまだけ」「カネだけ」「自分だけ」という思想を「**3だけ主義**」というようです。

簡単にいうと、後先のことなんてお構いなし、周囲のことには目もくれず、すべて金銭面からしか考えられない、まさに絵に描いたような自己中心的な人のことです。

「自分が一番かわいい」というのは誰しも持っている感情でしょう。だから、他人が成功したり、ほしいものを手に入れているのを見ると、つい妬ましく思うのも、ある意味、自然な原理なのかもしれません。

しかし、こんなタイプの人が営業担当になったお客さまは本当に不幸です。いま、世の中では、企業や働く人たちが真の生き残りをかけて試行錯誤しています。こんな時代だからこそ、生き残れる営業が大事にしているもの。それは、「**カスタマーサクセス**」いうスタイルです。

どんなときも、お客さまの成功を願い、その実現に向けて取り組む営業スタイル。言い換えると、お客さまの業績アップや課題解決を主体的に図り、真の顧客満足を継続的に続けようとする姿勢でもあります。

営業であれば、目先の数字、自分の昇給、自分が評価されることももちろん大切です。しかし、それだけを追い求めても、やがて業績は頭打ちになり、営業の仕事がつらくなるばかりでしょう。

では、多くのトップ女性営業たちは、なぜ心の底から営業という仕事が好きでい続けられるのでしょうか？

答えは簡単です。「お客さまの喜ぶ姿を見るのが本当にうれしい」「お客さまを自分の手でさらによくしてさしあげたいという使命感に燃えている」といった、お客さまの成功を誰よりもそばで願っているからです。そして、それをどうしたら実現できるのかを常に考えているうちに、お客さまにとってなくてはならない存在になるからです。

私も営業をはじめた頃は、自分の目標達成や評価ばかりを気にした「3だけ主義」に陥っていたように思います。いまの私があるのも、苦い経験をしながらも、そこから脱却したからだと思っています。一点のくもりもなく、ただひたむきにお客さまの成功や発展を、全力でお手伝いできる女性営業こそが生き残れる時代になったと強く実感しています。

9 自分の成長＝お客さまの成長＝会社の成長

うまくいかないときほど、自分の営業数字だけ達成していればよいという考えで動いてしまいがち。ところが、こうした思考でいると、仮に結果が出たとき、「自分自身の力によるもの」だと錯覚してしまいかねません。

結果が出ないときに、独善的に行動をしていると、いざ困ったときに力を貸してくれる人も少ないでしょう。売れる女性営業ほど、たった1人で業績を上げ続けるのは、極めて困難なことだと痛いほど知っています。

では、自分を犠牲にすればよいのでしょうか？

赤字になってでも、お客さまに得をさせることばかりを考えて行動すればよいのでしょうか？

違います。**自分の成長、お客さまの成長、会社の成長の3者がよくなることをイメージしながら行動できる人が生き残れるのが、営業の世界です。**

買い手が満足でき、社会貢献にもつながる商売を基本とする、いわゆる〝**三方よし**〟と呼ばれる近江商人の考え方があります。

自分自身の成長が、お客さまの課題解決に貢献し、会社の利益にもつながる。この好循環をもたらす営業こそが、どんなお客さまからも必要とされる人です。

そうなるために、たとえば、話を聴くスキルをいまよりもっと磨くと、どうなるでしょう？　お客さまの悩みを聴くだけでなく、お客さまが自分自身では気づいていなかった潜在的な課題や潜在的なニーズを掘り起こすこともできます。

そうすれば、困っているお客さまに、スムーズに解決策を提示することができます。お客さまを次のステージへ導けるかもしれません。それが、お客さまの成長につながっていきます。

研修で〝お客さまの成長〟というフレーズに、「恐れ多い」と抵抗感を示す人がいますが、私は、それこそが営業の醍醐味だと強く実感しています。

「**お客さまが成長する場面に立ち合いたい**」という目標を持って、「あなたにサポートしてもらえたから、うまくいった」「あなたと出会って、こんなにもよくなりました」と喜んでもらえている自分の姿を想像してみましょう。「自分の成長＝お客さまの成長＝会社の成長」を実感し、やりがいを噛みしめられる女性営業を、ぜひ目指してください。

10 ご年配のお客さまの存在が今後の営業を左右する

多くの業界において、女性営業として成果を残すためには、**ご年配のお客さまを得意にするのが必須条件**になりました。

総務省によると、日本は人口の4人に1人が65歳以上です。まさに世界最高の高齢化率です。そんな時代背景から、私の取引先でも再雇用制度・定年延長制度によって、参事・役員などで大手企業のキーマンとして定年後も働いている65歳以上の方が増えています。こうしたご年配のお客さまに苦手意識があると当然、営業として活躍の幅が狭まってくる時代なのです。

では、具体的にどうすればご年配のお客さまを得意にできるでしょうか？

まずは「**ご年配のお客さまほど、密度の濃い営業ができる**」というマインドを設定することがポイントです。たとえば、法人営業の経験が浅い女性ほど、「話が長い」「上から目線で自慢や説教をされるのは勘弁」などと、ご年配のお客さまを敬遠しがちです。ところが、こうした方は、社内の課題や問題点をよくご存じであるケースが少なくありません。

情報をたくさんお持ちなので、話を聴く側に回れば、社内の**〝ここだけの貴重な生の情報〟**を教えてくれることも多々あります。ご経験が豊かで、話が早く、的を射たことをおっしゃる方が多い印象です。

次に、**〝次世代や会社に対する想いや願い〟**にしっかりと耳を傾けることです。たとえば、「自分は退く身だから、若い人に任せないといけない」「私がいなくなっても、現場主義を受け継いでほしい」など、残された人への思いや願いに触れることで一気に距離が縮まります。これまでの私の経験上、ご年配のお客さまに共通しているのは、「若手の社員に伝えたいが、うまく伝わらない」と悩んでいる点です。

そこでポイントとなるのが、**「いまの20代・30代はこういうケースが多いですね」などという若手の視点からのアドバイス**です。ご年配の方は若い世代のことはよくわからないと感じていることが多いので、逆に相談にのってさしあげることで、有能なパートナーとしての地位を確立することもできるのです。

このようにご年配のお客さまへの苦手意識をなくしていき、逆に重宝される存在になれば、当然、あなたの提案も通りやすくなることは間違いありません。何よりも、人生経験豊かな先輩からの話を聴ける営業の仕事は幸せだと感じるようになるでしょう。

11 お客さまに寄り添う冠婚葬祭トーク

営業をしていると、お客さまのご子息やご令嬢、お孫さんがご結婚されて、おめでたいといった話に花が咲いたりします。そんな喜びのニュースには、

「おめでとうございます！　ご子息さまのますますのご多幸をお祈り申し上げます」

と喜びの言葉をおかけして、幸せを心から分かち合いましょう。

逆に、お父様やお母様、ご祖父様、ご祖母様などがお亡くなりになって、悲しみに包まれることもあります。そんなときに、どんな言葉をかけてさしあげたら、お客さまの心に寄り添えるのかと、悩む方も多いのではないでしょうか。

私自身も父を亡くした際に、たくさんのお客さまから、温かいお言葉をかけていただき、心から救われました。その経験から、いっそう言葉の重みを感じるようになりました。

「このたびは、心からお悔やみ申し上げます」

「ご冥福をお祈りしております」
「安らかにご永眠されますよう、心よりお祈り申し上げます」

このようなお悔やみの言葉は、経験がないと、とっさには思い浮かばないものです。いざというときに、哀悼の意を伝える言葉や相手を気づかう言葉を、簡潔に伝えられるようにしておきましょう。

マナーとして、死因などの詳細を、お悔やみの言葉とともに伺うのは控えます。忌み言葉を使わないということも、覚えておきましょう。

- **重ね言葉・繰り返す言葉：再び、重ね重ね、ますます、追って**
- **生死にかかわる言葉：死、死去、急死**
- **不吉な言葉：苦しみ、浮かばれない、消える**

喜びや悲しみの場面では、ひとりの人間として心から寄り添い、喜びや、気づかう言葉を、いつも以上に丁寧にかけてさしあげてこそ、本物の女性営業です。冠婚葬祭トークのバリエーションを豊かにし、女性営業としての品を磨きましょう。

POINT!

女性営業の「信頼関係づくり」

- □ ときめきは、お客さまが不安なときにこそ生まれる！
- □ いまの自分を客観的に知って、日常の行動を見直そう！
- □ お客さまは思いどおりにならない。まずは自分から変わろう！
- □ お客さまの物語の数だけ、営業力が高まっていく！
- □ 「うちで働いてほしい」と思われる人を目指そう！
- □ 自分を必要としてくれたお客さまを思い浮かべてみよう！
- □ お客さまの幸せが、紹介やクチコミの連鎖を生む！
- □ お客さまの成功を心から応援できる営業になろう！
- □ お客さまと会社と営業は、共存共栄の関係！
- □ 年配のお客さまから相談される、ワンランク上の女性営業を目指そう！
- □ お客さまの喜びや悲しみに寄り添える言葉をいつでも引き出せるようにしよう！

第6章

営業を楽しんで成果を出す！

女性営業の「習慣術」

1 魅力的な女性営業は「日々のちょっとしたこと」から多くを学ぶ

私が会社員だった時代、上司から、「**どんな仕事に就いても、成功するのは多くの人が見過ごしがちな小さなことに喜びや発見、学び、感動がある人**」だと教わりました。

その当時は、多くの人が見過ごしがちな小さなこととは何なのか？　と疑問に思うばかりでしたが、それからさまざまな経験を通じて、気づきました。

いつも当たり前のように、足早に通り過ぎていることが当たり前のことではない、ということを。

たとえば、いつも健康で会社に出勤できること。

たとえば、多くの素晴らしい仲間と一緒に仕事ができていること。

それを初めて痛感したのが、インフルエンザで数日間、休暇をとったときでした。大事なアポイントに行くことができず、後輩の力を借り、滞りなく代役を果たしてくれたことに心から感謝したことを今でも覚えています。おまけに、上司も同席してくれたと後から知らされ、頭が上がりませんでした。

その出来事から、健康的な生活へのシフトはもちろんのこと、社内の人たちへの接し方も変わりました。

何かあれば今度は自分が助ける番だという気持ちも芽生え、自分の仕事に余裕があるときは、他の人を積極的に手伝うように心がけました。

その頃から、社内の人とギクシャクすることなく、うまく連携して仕事を進めることができるようになりました。

今から思えば、日々のちょっとした気づきから、実践へとつながり、やがて意識しなくとも習慣化されるという好循環を生み出していたのだと実感できます。

何気ない気づきや、些細なことへの喜びや発見、感動を味わえる習慣が身につけば、モチベーションアップにもつながります。

営業においても、日々の小さな努力や習慣が、後に大きな成果や営業の楽しみに結びつくものだということにも気づくはずです。

2 新しい文房具でモチベーションを上げる

営業をしていると、リフレッシュするために、旅行に出かけたり、スポーツをしようと考える人もいるでしょう。私も若い頃は、旅行先で趣味のダイビングをして息抜きをしていました。

しかし、もっと手軽に気分転換させる方法があります。それは、**お気に入りの新しい文房具を見つける**ことです。

営業中の空き時間や、休みの日に出かけて、文房具店を見つけたら、立ち寄ってみましょう。服を変えるのと同じ感覚で、ボールペン、シャーペンやメモ帳など営業シーンで使用するグッズを何種類か保有し、TPOに合わせて変えるのも、ちょっとした気分転換になるものです。

社内外の、会議や商談でメモをとる際にも、書きやすさや、書き心地のいい厳選した1本のペンを使うことで、気分がぐっと上がります。4色ボールペン、消せるボールペン、芯が尖って出てくるシャーペンなど、アクセサリー感覚で、その日の気分に合わせて、変えてみたりするのも楽しさが生まれます。

また、お客さまに一言メモ書きを入れて書類を郵送するときに、事務的なふせんではなくて、猫柄や花柄リボンのついたあなたらしさを演出するふせんで相手にメッセージを送ると、キラリと光る印象を残せます。

文房具のアイテムを刷新するだけで、驚くほどモチベーションアップにつながります。また、トレンドをキャッチすることに長けている、最先端を走っている女性営業という印象を与え、新たな会話のきっかけが生まれることもあるでしょう。

「こんなことで?」と思わずに、まずは早速、新しい文房具を取り入れてみてください。


もちろん、物を大事にする精神は言うまでもなく大切です。しかし、女性営業としての〝品〟は、お客さまから見て営業としての力量を決める重要項目に入ります。長年使って色あせたり、ロゴがはがれた筆記用具をお客さまが目にしたとき、だらしない印象にならないかということにも気を配る、という意味でもおすすめの習慣です。

自分が思っている以上に、お客さまから見られているということを忘れないようにしましょう。

3 生産性を高める文房具のそろえ方

文房具は、ただ気分を上げるためだけのツールではありません。リモートワークなど、これまで以上に生産性が求められるようになってきました。半面、オンとオフの切り替えが難しいため、自宅で余計に超過労働になるといった声もあります。そうしたなかで、これまで以上に生産性を高める文房具の重要性を強く認識するようになりました。最近は以前にも増して、スタイリッシュで機能的な文房具が数多く発売されています。必要なときに、必要な文房具をさっと取り出すことで、お客さまから事前準備がきちんとできるスマートな営業という好印象を持ってもらえます。また、効率化のために進化した文房具から、世の中の意外なトレンド・流行を知ることにもつながります。

ちなみに、私がいつも持ち歩いているのは次の文房具です。

●**各種ペン**……最近はアポの時間を手短に済ますのがよしとされる風潮もあります。それに多忙な都心部で働く人は早口な傾向があります。メモを取るのは意外に難しいものです。なめらかな書き心地も重要。大事なところは蛍光ペンや赤ペンなど別の色でチェックを！　念のため、替芯も用意しておくと、いざというときに助かります。

●**小型携帯用ハサミ**……封筒を開けるときや紙を切るときのために常備しておきます。

●**ふせん・クリップ・クリアファイル・ホチキス**……プレゼン資料や会社資料などの紙類は、その場で要点をマークしたり、すぐに整理するのが生産性を高めるポイントです。

●**修正テープ・テープのり**……出先でも、封筒の封をしたり、手帳の修正などがすぐにできるように準備をしておくと効率的です。

●**両面テープ・ソーイングセット**……外回り中にスカートのすそがおりてきて困った経験はありませんか？　両面テープで一時的に対処したり、縫いつけられるように準備しておくのが一流の女性営業。スーツのボタンもなくす前にすぐとりつけましょう。

●**小型の電卓**……営業のプロとしての演出道具。おしゃれで小さなタイプの電卓を持っておくといいですね。さっと取り出して、スピーディーかつ正確に電卓を打つ姿はカッコいいものです。スマホの計算機能も便利ですが、待ち受け画面が見えた瞬間にプライベート感が出てしまい、支障をきたすことも。注意が必要です。

文房具やスマホに限らず、お客さまの前で自分の持ち物を出すときは清潔感を第一に。

お客さまとの商談でタブレットやパソコン画面を共有してプレゼンすることがあるなら、除菌のウェットティッシュなどで画面やキーボードの汚れを拭き取っておきましょう。

4　女性営業のための手帳管理術

取材などを受けると、「山本さんはどうやってタスクや時間管理をしているのですか？」と聞かれることがあります。

私がタスクや時間管理で絶対に欠かせないのは、手帳です。これまでアプリなどもいろいろと利用してきましたが、結局一番アナログな手帳に落ち着きました。営業活動をするうえで、一番利便性に優れているからです。

たとえば、出先で携帯電話を受けるときも、手帳であれば、すぐに開いて内容を確認しながら会話ができます。営業はこれが一番大切。

手帳の使い方で特別に意識している点は、営業はお客さまにたくさん会う仕事なので、**記憶にとどめることができないこともすべて記載しておく**こと。お客さまの趣味や夏休みにどこに行く予定なのかといったことや、毎回同じスタイルになるのを防ぐため、当日に自分が着た服やアクセサリーなども書き込みます。

もちろん、毎日のやることリストも手帳にすべて書き込みます。終わったら二重線を引いて痕跡を残しておきます。そうすれば、○月○日にこれを処理したと、後から見返すことも可能です。アポなどはもちろんのこと、訪問時に持参する物なども記載しておくことで漏れを防ぎます。長年、時間軸で区切られたバーチカルタイプという形式のものを使っていて、いまでは週間と月間のやることリストも手帳に書いて、それぞれのタスクを管理しています。

手帳はスケジュールを管理するだけではありません。**あなたの動きを左右する作戦本部にもなる**のです。休日や家族の習い事などプライベートの予定もただ書き込むだけでなく、シールを貼ったり、蛍光ペンで色分けをして視覚的にわかりやすくしています。

女性営業の皆さんは、ワークだけでなく、何かしらのライフイベントに参加することもあるでしょう。オンとオフを渡り歩く相棒として、手帳を有効活用してみてください。

5 営業でハンカチが3枚必要なワケ

私は営業に出る際には、必ず**ハンカチを3枚は持ち歩くようにしています**。「1枚でいいのでは?」と思う人も多いでしょう。しかし、1枚では不十分なのです。

たとえば、何かこぼして汚れたときに拭いてしまったら、お客さまの前で使うことができなくなります。女性営業は、清潔感が第一です。

1枚目は、お手洗いで手を拭くため専用のハンカチです。

2枚目は、社内やお客さま先などで汗を拭いたり、くしゃみや咳エチケットのため。

3枚目は、会食や昼食などの際に、服の汚れ防止としてひざの上においておくため。

1枚目と2枚目のハンカチは、水や汗を吸いとる効果が高いタオル地がおすすめです。

3枚目については、ひざの上に置くため、大きめで薄いタイプが持ち運びにも便利です。最近では、夜の会食は減っている反面、「ランチでもどうですか?」とお誘いいただく場面も多く、急なお昼の会食に備えてレースのついた品のある大判のハンカチなどを常備しておけば、あわてずにすみます。

男性のスーツに比べて、女性のスーツは汚れが目立つ色合いも多いので、汚れたまま営業するなんていうことがないよう注意が必要です。

また、ソファーや座敷タイプの席に座ると、スカートの丈が普段よりも短くなり、ひざや太ももが大胆に見えてしまいそうになることもあります。そのためひざの上に置くハンカチは汚れの防止以外にも、足がみだりに見えるのを避けるという女性営業ならではの気づかいの1枚でもあります。

女性営業なら、お客さまの前でもすぐに取り出せるよう、さりげなくセンスのある品のよいハンカチを持っておきたいですよね。季節に応じてハンカチを選ぶのも楽しいものです。デパートなどでも、リーズナブルなものから高級なものまでラインナップが充実しています。毎日洗い替えするので、その日の気分に合わせて持って出かけられるようバリエーションを増やしておくとよいでしょう。

ちなみに、私の場合は、夏場は4枚持ち歩くときがあります。営業で外出する機会以外に通勤やランチ時などでも、汗をかく場面が多いからです。あまり人に見せるものではないですが、毎日のハンカチをきちんと用意して使い分けることで、心にゆとりが生まれ、気持ちよく営業ができるようになります。一度試してみてください。

6 冷えは女性営業の大敵

冷えに悩む女性営業はけっこう多いものです。注意するのは冬場だけではありません。たとえば、業務用のクーラーでガンガンに冷えた訪問先で、氷入りのアイスコーヒーをいただき、急にお腹が痛くなったなんてことはありませんか？

外は暑いので、夏は冷えるという感覚が薄い人も多いでしょう。しかし、外と中の温度差で体調を崩すことも多いもの。営業という仕事は、「お腹が痛いので、アポイントをキャンセルさせてください」と正直に言えないのがつらいところ。だからこそ、日頃のちょっとした準備がものをいいます。

いざというときのためにも、腹痛の常備薬は常に持っておきましょう。私は、急場をしのぐために、**夏でもカイロを持ち歩きます**。お腹が冷えたらすぐに貼るためです。夏にカイロ？　と思うでしょうが、貼ってしばらくすると、血液のめぐりがよくなり腹痛も和らぎます。

営業の仕事上、冬場でもブーツは履けません。ハイヒールを履くことがほとんどなので、冷えには細心の注意を払います。厚着をしすぎず、温度調節をするためにも、足のカイロや、手に持つカイロ、下着の上から貼るカイロ、すべて必需品です。

講演や研修の講師をさせていただくようになってからは、さらに体調に気をつけるようになりました。食生活にも気を配り、営業中のランチでも、根菜類や、そば・うどん・シチュー・魚・豚汁など体を温める効果のある和食中心に食べるように心がけています。飲み物にも気を配ります。講演や研修中はとても喉が渇きますが、冷たい水は極力飲まないようにしています。コンビニでも、常温の水を購入するようにしています。

春でもストールや薄手のマフラー、春用の手袋を持ち歩くように。なぜなら、春は朝晩が寒く、首元を冷やすと声のかすれや、風邪につながるからです。

自分の体に意識を向けると、首や足首や手首やお腹を冷やすと疲れやすくなるということにも気づきました。冷え対策は、疲労軽減にもつながります。

冷えから体を守り、ここぞというときに最大の力を発揮できる態勢を整えましょう！

7 マスクをつけても安心感を与える女性営業とは？

「マスクをつけたまま商談をすると、印象が悪くならないか心配です」

最近、こんな相談を受けることが増えました。

確かに、私も最初は抵抗がありました。そこで、マスクをつけていても安心感のある女性営業とはどんな人なのかを、さまざまな企業の方々に調査してみました。

- 目で笑うなど感情表現ができる（表情が見えないため、目がすべての印象になる）
- 口元が隠れていても、口元も自然に笑っている（隠れている部分にも気を配る）
- 普段よりも大きめの声で話している（マスクで声がこもるため）
- ジェスチャーを交えて、少しゆっくり話す（口が見えない分、言葉が予測不可能になる）
- 鼻からあごまで、ちゃんとマスクを装着している（鼻が出ているなど中途半端は禁物）
- 咳やくしゃみをするときは、お客さまと反対方向を向く（マスク装着時もマナーを守る）
- メガネのくもり止めをしておく（マスクをすると、くもりやすくなる）

- **顔のサイズに合ったマスクでフィットしている（小さめサイズを利用する）**
- **おでこがすっきりしている（前髪が目にかかっていると、暗い印象を与える）**

この調査結果を整理しながらしみじみ感じたことは、**お客さまは、私たち営業のことを、どんなときもよく観察している**ということです。マスクで隠れているはずの口元までも、見ているのです。

それと同時に、マスクというアイテムを通して、相手に対して細やかな配慮ができる女性営業か、そうでないかという明暗が分かれるのだということも痛感しました。

一般的に感染防止という意味合いが強いマスクですが、マスクひとつでも差がつくものなのですね。

夏にはクールのマスクを利用するなど、快適なマスク選びを心がけていきましょう。

8 「コーピングスキル」を高めて、毎日のストレスから解放されよう！

営業をしていれば、お客さまや上司のことで悩んだり、体力的な壁にぶち当たったりと、精神的に落ち込むことがあります。一般的に、女性は感情的と言われることが多いです。だけど、そうは言われたくないですよね。実は、活躍する女性営業ほど〝**不機嫌にならない自分**〟**でいることが大切**と口をそろえて言います。

「いっそのこと営業なんて辞めて、もっとラクな職種に転職しようかな」などと落ち込みがちなマインドになってしまったときに効果的なのは、「**コーピングスキル**」です。

女性営業においては、ノルマのプレッシャーに対しても、気持ちの切り替えを上手にコントロールすることができれば鬼に金棒です。コーピングとは、ストレスマネジメントのひとつ。たとえば、次のようなものです。

- **好きなアーティストの音楽を聴いて世界観を変える**
- **コーヒーを飲んでほっと一息**

- 家にこもってゲームに没頭する
- 社用車に乗って大声で歌って発散
- 深呼吸をして落ち着く
- ほしいものを手に入れる日を想像して妄想にふける
- 大好きなペットの写真を眺めて心を癒す
- 「いまが底！」と自分を励ます
- 「ここまでやれたから今日はよしとしよう！」と自分を許す
- 「今日は本当によくがんばったね！」と自画自賛
- 「○○ちゃんならわかってくれるかも！」と人とのつながりを感じる

実は、日常の何気ない行為だって、立派なコーピングスキル。すぐに解決できないことも、コーピングを用いて気持ちを持続させ、しっかりと課題解決に向き合う時間をつくりましょう。**自分だけのマイコーピングスキルを発見して、リスト化**するのもおすすめです。

私がよくやるのは〝自然の音を聴く〟こと。人間は規則的な音よりも波や小鳥のさえずりなど不規則な音に癒されるそうです。誰かの励ましがなければ、がんばれない。そんな体質を変える意味でも、コーピングスキルで、気持ちを切り替える力を育んでいきましょう。

9 仕事がやりやすくなる社内の人間関係づくり

いくら風通しがいい社風であっても、自分の意見をハッキリ言いすぎると、業務に支障をきたすことがあります。

特に営業成績がよく、期待の若手と評価される女性営業に見られがちなのが、営業成績がよいことを理由に外出が続き、社内の会議を欠席したり、毎日のミーティングにも参加しなくなったり、集団行動に対してルーズになってしまうこと。社内で自己主張が強くなってくると、それを快く思わない人が増えてくると覚えておきましょう。

つまり、敵（アンチ）をつくり出してしまう、ということです。すると、**敵が増える→協力してくれる人がいなくなる→仕事がやりにくくなる→焦る→余計に躍起になって主張を繰り返す**……といった悪循環に陥る危険性が高くなります。

どんな業界でも、活躍している女性営業は、敵よりも味方が多いのが特徴です。仕事柄、いままで何十万人という女性営業とご一緒してきましたが、例外はほとんどありませんでした。

安定して営業成績をあげようと思ったら、社内でのふるまいや言動においても、相手へのやさしさが求められます、つまり、**社内でやりやすくするためのポイントは、営業活動とまったく同じ**ということ。自分のやり方を押し通すことが、優秀な営業ではありません。

組織や周囲の人との現実と、自分の意見との折り合いを上手につけられるようになれば、反発する人は減って、代わりに協力してくれる人が増えてきます。

もし、自分の正当性を主張しそうになったら、「この意見は、誰の得になるだろうか？」と自問自答しましょう。

自己主張を押し通すハード路線よりも、他人の意見を尊重したり、称賛したり、共存共栄していくというソフト路線のスタンスのほうが、女性営業の特性を活かすという意味においてもしっくりきます。

結果としてお互い気持ちよく仕事ができるし、いざ、自分の主張を伝えても、受け入れてもらいやすくなるでしょう。そうすれば、実力以上の営業成績を出すことも夢ではありません！

10 社内の人からも一目置かれるコミュニケーション術

前項で、社内では、共存共栄のソフト路線がおすすめだとお伝えしました。では、具体的に、どうアプローチすればよいのでしょうか？

それはズバリ、〝**おかげさまですコミュニケーション**〟です。

たとえば、うまくいった営業成績を自慢したり、ひけらかすことなく、

「今回の結果は、営業サポートの皆さんの協力のおかげです！」

「このたびの○○社さまのプロジェクト成功は、課長のお力添えがあってのことです！」

「今期の達成は、まさにチームの皆さんの応援のおかげです！」

などと、惜しみなく相手に感謝の言葉を伝えましょう。

その言葉と連動するように、自然と相手もあなたに敬意を払ってくれるようになりま

す。当然、社内の人とも意思が通じ合い、仕事が格段にしやすくなるでしょう。そうすれば、不毛なストレスも軽減されることは間違いなしです。

この〝おかげさまですコミュニケーション〟は、もちろん社外でも応用できます。

たとえば、社内研修を実施させていただいた企業の担当であるお客さまから、お礼のご連絡をいただいたときのケースで見ていきましょう。

「今回の研修の実施後アンケートでは、全員の参加者から高評価をいただくことができました。ありがとうございます」と言われたら、

「そのようなお言葉をいただけて、とてもうれしいです！　○○さまのお力添えのおかげでございます。またご一緒させていただけますことを楽しみにしております」

などと相手を立てるときにも使えます。

多少、回りくどいかな？　と思うくらいがちょうどいいかもしれません。

どんなときでも相手の存在を意識する。これができるのが一流の女性営業です。

11 営業以外の時間の過ごし方

女性営業として、楽しく成果を出すためには、〝**あえて営業から離れてみる時間**〟も必要です。誰しも目標達成のためにがんばりすぎていると目の前のことしか見えなくなり、つい大切なことを見失いがちです。

もし、毎日にマンネリ感を感じていたり、営業以外の人と会う機会がまったくないと感じているなら、まずは、休みの日を利用して外の空気を吸うために、他業界の人に会う機会をつくりましょう！

私自身、他業界の人や、営業以外の職種の人と出会って、がんばっている話を聞くと、勇気をもらえることがあります。他業界の悩みを共有したり、自分の業界や、営業ではやっていない取り組みを知ることで、自分自身を俯瞰し、客観的に見れるようになります。そうした経験が、斬新なアイデアにつながることもあります。また、どんな業界でも悩みは同じなんだなと一歩前に踏み出す原動力になることもあります。

営業は情報を扱う仕事です。**インプットする情報の幅を増やしましょう。**自身の業界のみならず、最新のトレンドを知っている女性営業は、お客さまから見ても、とても魅力的です。

自分の会社の営業活動だけに必死になることは、決して悪いことではありませんが、見える世界が狭まり、いつのまにか取り残されてしまうことは本当に怖いことです。「休みの日は何をしていますか？」とお客さまから尋ねられても、「仕事しかしていない」「寝てばかり」だと会話が続きませんよね。

休みの日はあえて営業から離れることで、会話が広がり、お客さまとの共通点が見つかるかもしれません。もちろん、人と会うことでなくても大丈夫です。読書を楽しんだり、ミュージカルを鑑賞したり、また家の中で料理を楽しんだり。営業以外のさまざまな体験が、営業とお客さまとをつなぐ接点になる場合も多々あります。

営業は、井の中の蛙にならず、世間の動きやトレンドを知っておきたいものです。「忙しいから無理」「参考にならない」などと否定的に捉えず、さまざまな体験や出会いに積極的で、魅力的な女性営業になりましょう。

POINT!

女性営業の「習慣術」

- □ 毎日見過ごしている小さな出来事の中にこそ、貴重な発見がある！
- □ 文房具は気分を上げる、あなたの分身！
- □ 文房具の選び方・使い方で生産性に差が出る！
- □ 以前に比べて営業できる時間は短い。手帳を最大限活かそう！
- □ ハンカチの枚数を増やすと安心感が生まれる！
- □ 体を温めて、常に高いパフォーマンスを維持しよう！
- □ マスク姿でも、あなたの存在がプラスになる工夫をしよう！
- □ コーピングスキルで上手に気持ちを切り替えよう！
- □ できる女性営業は、社内外から愛される！
- □ うまくいったときこそ、“おかげさまですコミュニケーション”！
- □ どんなときも営業力を養う大切な時間！

第7章

リスクをしっかり回避する！

女性営業の「困りごと対策」

1 「女性だからわからないよね？」と言われたら

女性が活躍する世の中を目指すといっても、さまざまな業界を見渡せば、まだまだ日本は男性優位の社会です。あなたもそう感じることはありませんか？

たとえば、「女性だから」という理由で、否定的な言葉を投げかけられたとします。よくあるのが「女性だから、経験したことがないでしょう」「女性だから、わからないでしょ」などと、レッテル貼りのような言い回しです。

多くの女性営業は、返す言葉が見つからず、カチンときたり、困り果ててしまいます。

解決策はズバリ、**「まだ化石のような人がいるんだな」と、余裕を持った心で見てさしあげる**こと。そのうえで、男性優位の考えを持っている相手の場合、次のようにトークを展開してみてください。

お客さま　「大変だよ、男の世界は。夜遅くまで働いて。女性の君にはわからないよね？」

女性営業　「○○さん、いまどきは、女性も男性も一緒ですよ。下手したら女性社会のほ

うが陰険な人が多いかも。いまの時代は女性上司も増えてますけど、細かなところまでよく見てますからね！　ここでは言えない大変なことも、たくさんありますよ！（笑）」

お客さま　**「へえ。そうなんだ～」**

女性営業　**「○○さん、またいろいろとアドバイスください！」**

「男の世界のことは女性にはわからない」「女性だから、わからないよな」などといった、自己完結で終わってしまうようなトークをされるお客さまには、このように「女性の世界でも同じようなケースがありますよ」というトークが有効です。女の世界にもいろいろとある、という含みを持たせて、特定の事例を話さず、オブラートに包みながら伝えるのがベターでしょう。

相手のプライドを傷つけず、意見を対立させないために、最後は一歩ひいて、**教えを請うスタンスで切り返すと、角が立ちにくくなります。**もちろん、笑顔を交えながら伝えることも忘れずに。

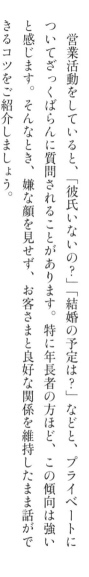

2 プライベートについて質問されたら

営業活動をしていると、「彼氏いないの？」「結婚の予定は？」などと、プライベートについてざっくばらんに質問されることがあります。特に年長者の方ほど、この傾向は強いと感じます。そんなとき、嫌な顔を見せず、お客さまと良好な関係を維持したまま話ができるコツをご紹介しましょう。

パートナーについて質問をされた場合

男性のお客さま「○○さんって、彼氏はいるの？」
女性営業「まあ、それなりに。ぼちぼちです。いまは、仕事に集中しています！」
お客さま「でもいいの？　仕事ばかりで」
女性営業「お客さまから必要とされているうちが華ですから！」
お客さま「そうかぁ。○○さんも忙しいから、彼氏も大変だね！」
女性営業「営業を5年も続けてますし、こう見えてもけっこう、相手に合わせますか

ら！（笑）」

ポイントは、**恋愛面やパートナーに焦点が当たらないようにする**こと。さらに、仕事を一番に考えているというスタンスを伝えるのが無難です。

家族（特に子ども）について聞かれた場合

お客さま　「遅くまで仕事をしていたら、お子さんは大丈夫？」

女性営業　「ご心配いただき、ありがとうございます！　最近は、祖父母が近くに住んでいない人も多くて、おまけに、親御さんの介護もやっておられる人もいますから、けっこう大変ですよね。うちもなんとかお互いに時間をやりくりして、2人で協力しながらやってます！」

ここで、「夫が何もかもよくしてくれています」と答えてしまうと、嫌味になってしまいかねません。営業という職業柄、中立的な立場でいることが好ましいでしょう。ミクロの話になればなるほど、自分のプライベートの話をしなくてはならなくなります。子育てというミクロの話題から、「時代」といったマクロの話題に変えましょう。

自分が大変だという会話に終始すれば、同情を買うだけに終わってしまいますから、要注意。「世の中には、もっと大変な人もいる」と話せば、同情されることもないでしょう。

3 お客さまからのプライベートの悩み相談で好印象を残そう

お客さまから、ご自身のプライベートの悩みを打ち明けられることがあります。ビジネスライクに徹することで、そうした話題を避けようとする女性営業も少なくありませんが、そこでの会話が、お客さまの信頼を勝ち取れるかどうかの明暗を分けます。

たとえば、お客さまのご家族についての悩みにはどうお答えすればよいでしょうか？

お客さま　「最近、反抗期なのか、娘がまったく口をきいてくれないんだよな」

女性営業　「そういう時期がないと、逆に心配ですよ。いままで手塩にかけて、一生懸命育ててこられた証ですよ！」

お客さま　「そうだったらいいけどね。でも、ちょっとかわいがりすぎたのかもな」

女性営業　「仲良くしてこられたからこそ、急に寂しく感じますよね。でも、いつまでもお父さんにべったりなのも、それはそれで親離れしづらくもなりますしね」

お客さま　「彼氏なんか連れてきたらぶん殴ってやろうかな、と思うんだけどね。ガハハ！」

女性営業「そうは言いながらも、彼氏さんとも仲良くされるのが、○○さんですよね！」

お客さま「それが理想ではあるけどね～」

女性営業「○○さんの娘さんだったらかわいいだろうな。○○さんに似てらっしゃるんですか？」

お客さま「僕なんかに似たら、とんでもないですよ！」

女性営業「奥様に似ていらっしゃって、きっと素敵な娘さんなんでしょうね！」

お客さまの悩みには、「別の面から見るとかえってよかった」というように、**新しい解釈を伝える斬新なトークを展開させると、雰囲気をガラッとプラスに変換することができます**。そのうえで、お客さまの心情を理解していると伝え、多少のリップサービスもプラスできたら、まさに〝鬼に金〟棒です。

活躍する女性営業は、私的な話題にもめっぽう強いです。ちょっとした雑談で、「この人には何でも話せるな」と思ってもらえれば、仕事の面でも頼りになる存在として認識され、営業がよりしやすくなるはずです。

4 女性営業なら知っておきたいお酒のルール&トークの基本

働き方の見直しなどで徐々に減ってきたとはいえ、特に法人営業では、お客さまと商談後にお酒を飲むような場面もあるでしょう。

最近ではお酒をあまり飲まない若者が増えてきているというデータを目にしたこともありますが、たとえ自分が飲めなくても、乾杯の最初の一杯はお付き合いで口をつける程度にして、場の雰囲気に合わせることもあるでしょう。逆に飲みすぎて、我を忘れるほど羽目を外すなんていうのは言語道断です。

そこで身につけておいてほしいのが、**お酒やビールの注ぎ方と注がれ方**です。

たとえば、ビールを注いでもらうときは、グラスを傾けすぎず、泡が立ちにくい角度で注ぎやすくするのがマナーです。慣れていないと、ドバドバと注がれて泡が大量にできてしまい、乾杯の声になる頃にはこぼれて周囲に迷惑をかけてしまうことも。

お酒を飲めないのなら、グラスに半分ほど注がれた段階で、「あっ、これくらいで十分です。ありがとうございます!」と、笑顔で伝えましょう。乾杯時に軽く口をつけて、席に置いておけば大丈夫です。グラスにめいっぱい注がれているのに置きっぱなしは、いかにも飲んでいない印象になるので避けたほうが無難です。「お酒嫌いなのに無理させてしまった」とお客さまに不要な気づかいをさせてしまいます。

もし、社用車の場合は、「せっかくなのでいただきたいのですが、今日は車なので、ウーロン茶をいただきます！」と遠慮しながら答えます。それでもお酒を注がれたら、「ありがとうございます！」と口を少しだけつける格好をして飲まずに、テーブルに置いておきましょう。どんな場面でも、法令違反はご法度です。

逆にあなたが、お客さまにお酒を注ぐときは、ビールやワインなら瓶の表のラベルに手をかけないように持ちます。銘柄のラベルを主役であるお客さまにご覧いただくように注ぐのが基本です。

商談でもお酒の席でも、いつでもお客さまが主役です。こうした所作が身についていれば、あなたの上司も安心するでしょう。

場合によっては、「お酒の席に慣れていない＝営業経験が浅い」と判断されてしまうことも。そうなると、商談にも影響が出てしまいかねません。お酒の席での最低限のマナーを身につけて、日々の営業活動にプラスになるようにふるまいましょう。

5 会食で、料理の取り分けは誰がする？

女性営業であれば、付き合いでお客さまと食事をご一緒することもあるでしょう。これまでは一般的に、お客さまとの会食において、女性営業は大皿の食事を取り分けたりする役回りが多かったと思います。

ところが、最近は少し事情が変わってきています。時代の流れからか、自ら進んで、お皿に取り分ける役回りを買って出る男性が増えています。営業先でも、私が取り分けてさしあげようとすると、「うちは共働きですから、これくらい家でも当然です！　お任せください！」と、手際のよい男性にお会いしたことも一度や二度ではありません。

「君は家庭でもがんばってるんだな」と上司にほめられて、「いえいえ。いまの時代は男性もこれぐらいできないと、妻から叱られますから」というセリフによって、上司からの評価を高める場にもなっていることに驚きました。料理の取り分けが、男性にとって社内営業や、売り込みの場にもなりうる時代の到来です。そんなときは、相手にお任せしましょう。

だからといって、男性に終始任せっきりの、〝お客さま〟の立場ではNGです。女性営業も、「女性だから、こうする」というのではなく、**場の雰囲気を見極めて行動しないといけない時代になっている**といっても過言ではありません。

一度は「私が取り分けましょうか」と接待する立場を示しながらも、男性側から「僕がやりますから大丈夫です」と申し出があれば、「じゃあ、今回はお言葉に甘えて○○さんにお願いしてもよろしいでしょうか！」と明るく返しましょう。

そして、取り分けてもらったら、「私よりも○○さんのほうが盛りつけがお上手です！家でも毎日取り分けたりされているんですか？」と会話を深掘りしていきましょう。すると、「ええ。料理や味つけは妻ですけどね」と笑顔で打ち明けてくださったりします。

もちろん、会社によっては、社内の女性社員に取り分けてもらうのが慣例になっている場合も少なくないので、女性が取り分けるのが当然だと考える男性がほとんどであれば、シンプルに取り分ける側に回りましょう。時代や状況を読む力も、女性営業にとって大切なスキルです。

6 男性のお客さまからのお誘いにはどう対応すべき?

「この後、2人でどうですか?」「仕事の話抜きで食事でも」などと、男性のお客さまから誘われたら、どう対応しますか?

「無理です!」と、最初から拒否すると、プライドを傷つけてしまいかねません。かといって、「ぜひ!」とあまりにもフランクな受け答えをしていると、気があるのかもと受け取られて、相手がどんどん誘ってくるかもしれない……と心配になる女性営業も多いはず。

そんなときは、次のような対応を参考にしてみてください。

「○○さんにそんなふうにおっしゃっていただいて、とてもうれしいです! ありがとうございます!」

「○○さんにお誘いいただくなんて、本当にもったいないくらいの話です!」

まずは相手の自尊心を満たすのが先。すぐに「ありえない」などと軽蔑せず、一度受け止めておくことが大切です。あいさつ代わりにお礼を伝えることで、その後、断わる余裕をつくることができます。

断るときは、

「せっかくのお誘いで、私も大変残念で仕方ないのですが、このあと、まだ社内で会議があります。ぜひ、またの機会にでも、ご一緒させていただけますと幸いです」

と、丁重にお伝えしましょう。

賢い女性営業は、ここで〝会社対会社〟の取り引きを盛り上げるのに一役買います。

「ありがとうございます。以前より、課長の○○も一度ごあいさつしたいと申しておりましたので、ぜひ日程調整させていただければ幸いです」

こう伝えれば相手も悪い気はしませんよね。実際にそのような対応で、上司同士が意気投合し、取り引きが拡大することで、さらなる重要クライアントになったという話はよくあります。

とはいえ、現実には、誰にも相談できずに抱え込んでしまう女性営業もたくさんいます。まずはひとりで思い悩まず、上司や先輩にすぐに相談しましょう。

基本は、「社外で2人っきりになるという申し出を受けること自体、恐れ多い」というスタンスで接し、ありがたくお気持ちだけ頂戴するという姿勢を崩さないことが身を助けます。お断りの場合は、敬語に敬語を重ねて、くれぐれも丁重に対応しましょう。

POINT!

女性営業の「困りごと対策」

- □ 男性優位の考えには、明るく切り返すトークでかわそう！
- □ プライベートなことを質問されたら、中立的な立場を維持して、無難に着地させよう！
- □ プライベートの悩み相談を機に、お客さまとの距離をぐっと縮めよう！
- □ お酒の席での印象が、営業経験をはかる材料になることも！
- □ 会食ではあえて脇役に回って、ほめる側になるのも◎！
- □ 2人きりのお誘いは、会社対会社の接待にできないかを考えてみよう！

第8章

営業力を人生に活かす！

女性営業の「幸せの法則」

1 営業が「楽しい仕事」になるか「つらい仕事」になるかの差

「お客さまから断られたくない」「ノルマを達成したい」――営業の現場に配属されたばかりの新人であれば、誰もが思うことかもしれません。でも、現実は違いますよね。私が駆け出しの頃、お客さまからお断りされるたびに「やっぱりダメか……」と落ち込み、「なんてつらい仕事なんだろう」と思うこともしばしば。「営業を楽しめるようになりたいのに、どうしてできないのだろう?」と、ずっと考えていました。

営業という仕事を楽しむうえで、欠かせない考え方があります。それは、**営業における楽しみとつらさは、必ずワンセットになっている**ということ。

売れている女性営業でも、営業をしていてつらいと思う瞬間はもちろんあります。でも、「この経験が必ず自分を大きくする」「しんどいけれど、振り返ったときに必ず貴重な経験になる」と、未来の成長した自分の姿を信じて、今のつらさをポジティブに乗り越えていこうとします。「つらい」「苦しい」というプロセスがなければ、営業の楽しさはやってこないことを知っているのです。

断られたり、否定されたり、馬鹿にされたり、上司から評価されなかったり……。あなたにもきっと、「営業なんて選ばなければよかった」と、後悔しそうになった瞬間があるのではないでしょうか。そんなとき、飲みに行ったり、趣味の世界に没頭したりしていませんか？　苦しさから解放されるために、一時的に解放された気になっても、結局、つらさは消えないと感じる人は少なくないはずです。

営業のつらさは、営業でしか解消できません。

たとえば、水泳でも、練習中は泳いでいて苦しいと思っても、練習を重ねていくと普通に泳げるようになり、速くなったなと実感するようになる。すると、泳ぐことが楽しくなってくる。つまり、しんどい時間をすごすことで、楽しさが実感できるようになるのです。

営業が楽しい仕事だと感じるのは、お客さまから契約をいただいた瞬間や、ノルマを達成し、上司や同僚から認められた瞬間だけではありません。しんどい時期をすごし、苦しい経験をする中で、「つらい仕事だからやめてしまおう」と投げ出さなかったからこそ、しみじみと感じる楽しさを手に入れることができるのです。

それは、飛び跳ねるような楽しさではないかもしれません。でも、あとから振り返ったり、過去のつらさを乗り越えて成長した自分を認識することで、あの経験が活きているんだと実感が湧く喜びこそが、営業の楽しさでもあります。

2 無理してポジティブにならなくていい

疲れを感じたとき、無理をしてテンションを上げようとがんばる女性営業を見かけます。確かに、瞬間的に元気になれるかもしれません。でも、すぐに反動で疲れがドッと出てしまい、仕事を休む日が必要になってくるようでは困りますよね。

お客さまの中には、「必要以上に明るすぎて怖いよ」と思われることも。これでは自分だけではなく、一緒にいるお客さまも疲れてしまうでしょう。

疲れた自分にムチを打って営業活動を続けると、心身がボロボロになってしまいかねません。疲れたときにおすすめなのが、**「疲れた」「しんどい」などと、自分に正直になる**ことです。

私も、家族に「今日は疲れたな」と漏らすときがあります。すると、「こっちも疲れたよ」と小学生の息子に言われ、「何に疲れたの?」と尋ねると、「学校に行って、給食も僕の好きなミートボールでおいしかったし、体育でドッヂボールをして楽しかったから、疲れたよ」と言うのです。

思わず笑ってしまいました。

誰かに「疲れた」と打ち明けることで、気持ちがラクになる効果もあります。「毎晩遅くまでやらないといけない」「やる気がないと思われる」などと、マイナスに捉える必要はありません。

そこであまり無理をしないでほしいのです。結果、精神のバランスを崩し、体を壊しては元も子もありません。いつも前向きなのは理想的ですが、常にポジティブでいるよりも、疲れたら、まずは自分に正直になる瞬間を意識的につくり出しましょう。

一般的に、女性は男性ほど、体が強くないといわれています。つまり、男性よりも心身の管理には注意を払わなければならない、ということです。

むやみにストイックでいると、危険水域を越えてしまうこともあるでしょう。また、ポジティブになりすぎると、いったい、どれが現実の自分かわからなくなるリスクもあります。

営業を楽しんで成果を出すためには、いつも無理してポジティブにならなくても大丈夫です。元気がない自分。やる気が出ない自分。「そういう日もあるよね!」と、自分を許しましょう。そうして、自分をプラスのスパイラルに巻き込んでいきましょう!

3　営業は「継続は力なり」の結果

自動車販売で活躍する女性営業Kさんの新人時代の話です。当時、新入社員だったKさんは、ノルマを達成しようと必死でした。担当エリアで自社メーカーの15年落ちの車を所有しているお客さまがいました。Kさんは、キャンペーンなどをアピールし、積極的に買い替えの提案をしますが、「買う気はないわよ」とピシャリ。あきらめきれないKさんは、お客さまのご自宅に何度も立ち寄っては新車案内を続けていました。

ところが、インターホンを鳴らしても不在になることが増えてきました。Kさんのセールスに辟易したお客さまが、居留守を使っていたのです。

さすがに前のめりすぎたと反省したKさん。契約には程遠いと思いつつ、それでも営業として、何か印象を残さないといけない。そんな一心で考えたのがハガキでした。Kさんは、お客さまが不在時であっても、「近くまで来たので、ごあいさつにまいりました」と書き残したハガキを投函することにしました。

ある日、そのお客さまの息子さんが免許を取得し、運転した自家用車が事故で廃車になったというのです。Kさんは、ハガキを入れ続けたお客さまから、「あなたのディーラーから買うから、パンフレットを持ってきて。どれがいいの？　あなたが選んで」と連絡を受け、あれよあれよという間に、契約となったのです。

お客さまがKさんから購入する決め手となったのは、あのハガキでした。「買う気はないわよって言っても、ハガキを入れていただいたことを覚えていたわ。最初は、若くて頼りないかなと思っていたけど、マメに通ってくれて。車を買うときは、あなたからだと決めていたの」というのです。

お客さまの手には、Kさんがポストに投函したハガキが束になって握られていました。Kさんは、それを1枚1枚見ながら、インクがにじんだ文字を目にしたとき、雨が降った日にハガキを入れたことを思い出したといいます。

ハガキを入れはじめてから、ちょうど2年後の購入でした。

継続が成果を生む。売れる女性営業が備えている思考のひとつです。

現在、Kさんは女性だけのセールスチームのリーダーを任されています。営業はタイミングが大切。「続けることで、よいタイミングに出会える」こともたくさんあります。営業に向いているかいないかで悩むよりも、コツコツと地道に続けてみましょう。

4 営業を辞めたくなったときの魔法の一言

私は故郷の広島から出て、大学に入り、就職をしました。自分を変えたくて営業職についた私でも、営業の厳しさに、「やっぱり私にはできない」と、逃げ出したくなったことは一度や二度ではありません。地元に帰ったほうがずいぶんラクだと、現実から逃げようとしたことも何度かありました。

しかし、「やれるだけのことは、すべてやりつくした」と言い切れない状況を見ると、「営業としてできることは、まだあるかもしれない」「まだまだ未熟だった」などと、反省や課題がいくつも見つかり、試行錯誤の中で営業の仕事を続けてきました。

営業を辞めたくなったとき、縁があって入社した会社やお客さまに対して「**自分が選んだ、今の会社、仕事。はたして、このまま終わらせてしまって本当に後悔しないだろうか？　何か恩返しできることはないだろうか？**」といま一度、立ち止まって考えてみてほしいのです。

いまの会社には、誰かに指図されて、無理やり入社したわけではありませんよね。なかには、いまの会社にしか採用されなかったという人もいるかもしれませんが、最終的には自分で決断をしたのです。

会社員時代に、転職の相談にのる仕事をしていたとき、「あのとき、もっと営業スキルを真剣に学んでおけばよかった」「あのとき、逃げずにクライアントを担当し続ければよかった」と後悔し、もう一度、営業職に返り咲きたいという相談に多数接してきました。しかし、現状はというと、一度投げ出した営業職への再挑戦というのは、なかなか厳しいものがありました。

あなたが、もしいまの仕事を離れることになっても、営業の経験はきっと役に立つでしょう。会社の規模、商品の違いはあれど、営業スキルを身につければ、他の仕事、他の部署、他の会社に行っても、課題にぶち当たったときに解決できるだけの人間関係力や対応力など幅広く活用できるスキルを手に入れることができます。

他のフィールドでも、営業力を発揮できるくらい素敵なキャリアを築くためにも、いま一度、目の前の営業の仕事でやり残したことすべてにチャレンジしていきましょう。その先には、きっと素敵な未来が待っているでしょう！

5 迷ったら、お客さまからの「ありがとう」を思い出す

女性営業の研修で寄せられる声の中で、こんな質問があります。

「私は何のために営業をしているのだろうと思うことがあります」「私はこのまま営業を続けてもよいのでしょうか？」といった、営業を続けるうえでモチベーションをどうやって維持していけばよいのかという悩みです。

迷ったときこそ、営業をしていてうれしかったことや、楽しかった瞬間を思い出しましょう。そのとき、「インセンティブをもらえた」「役職についた」といった金銭的報酬ではなく、**感謝されたり、喜んでもらえた瞬間を思い出すようにしましょう**。

「自分がいなくなることで、困る人はいないだろうか？」「今まで契約してくれた人は、なんで買ってくれたんだろうか」「選んでもらえた秘訣はどんなところ？」などと立ち返って考えてみるのです。

「人間にとって最大の不幸は誰からも必要とされていないと感じることである」

これは、ノーベル平和賞を授賞したマザー・テレサが来日し、記念講演で語った言葉です。

偶然にも、新人時代にまったく業績があがらず悩んでいたときに本の中で目にし、まさしく、そのときの自分自身だと沈んだ気持ちになったことを覚えています。

それからずいぶん時は流れて、いま私が思うこと――。それは、どんなに営業経験が浅くても、成績が不振であっても、自分を必要としてくれる人は必ず存在するということです。私も、営業としてうまくいかない時間も多々ありましたが、それを乗り越えてこられたのも、ちょっとしたことで感謝されたり、喜んでもらえたことが次のステージに自分をいざなう大きな原動力になったからです。

男性営業よりも女性営業のほうが、昇進や給料という金銭的報酬よりも、「ありがとう」と感謝されたり、お客さまの笑顔といった〝非金銭的な報酬〟に心を動かされる人が多いという声を、たくさんのトップ女性営業の人から伺いました。お金の大切さを理解したうえで、お金以外の喜びを最優先した頃から、営業成績が伸びはじめた経験を持つ人が多いのも事実です。

お金のために働いているギラギラしたタイプの女性営業を、どこか冷めた目で見るお客さまもいらっしゃいます。「お金のため」「生活のため」ではなく、「お客さまに喜んでほしいから」といった非金銭的報酬を集めていくことで、あなただけの営業を続ける意味が見つかり、営業として、ひとりの社会人として突破口が開けてくるはずです。

6 売上に波があるときの乗り越え方

よいときと悪いときの差が激しい、いわゆる売上に波があるときは、数字に振り回されて、しんどいですよね。いったい、どのように対処すればよいのでしょうか？

まず、意外に見落としがちなのが、**お客さまの意思決定のタイミングを把握しきれていない**ということです。当日、契約をいただけない場合に、「またお返事お待ちしております」とあっさり引いてしまう女性営業によくありがちな傾向です。

こういう場合には、「それでは〇日までにお返事をいただけるということでよろしいでしょうか？」とお返事の締め切りをきちんと設けることで、ある程度、波が解消されていきます。お返事の締め切りに対して、強引なセールスにならないようにと、あいまいにしてしまう女性営業がいますが、逆に締め切りがないほうが失礼ともいえるでしょう。YESかNOか、ご決断をされるところまでサポートするのができる営業です。

次に、**お客さまや会社、商品や地域のせいにしない**ということ。売上に波があるということは、たまたま運が悪かったということを除いては、行動や気持ちにも波があるということ。過去の私が、なかなか営業成績が安定しなかったのは、まさにこれに尽きます。うまくいかないのは「担当している地域が悪いのだ」「他社に比べて商品が高いから売れない」などと自分以外のせいにして、自らをなぐさめていました。結局、自分の課題を知ることを恐れていて、営業という仕事に対して臆病になっていたのだと思います。

そんな私が変わったきっかけは、「自分にもっとできることはなかったのかな？」と自問自答してみることでした。自分と素直に向き合えるようになると、だんだんと人や物のせいにしなくなるから不思議です。過去や現在にとらわれるのではなく、「じゃあ、次はどうしようかな」と、自分を未来へと引っ張っていく勇気を持てるようにもなりました。

最後に、**自分の力を信じる**ことです。営業の仕事は、自分以外の人と関わる仕事です。ときに周りが全員ライバルに思えて、孤独を感じることもあるでしょう。そんなとき、一番頼りになる存在は自分自身です。売上の波に押しつぶされそうになったときには、「私なら、きっとこの状況を乗り切れるはず！」と自分の一番の応援団であってほしいのです。

あなたが強くなるたびに、波にうまく乗れるようになります。もし、それでも打開策が見つからない場合は、周りの人の力を遠慮なく借りましょう。

7 「同時遂行力」がいざというときにものをいう

営業マネージャー時代、月末になると、うその報告をしてくる女性メンバーがいました。「○○社は、確度が高いです」「複数の案件が同時に動いていて、月内には着地しそうです」などと、あたかも受注が迫っているかのような報告がお決まりのパターンでした。

さらには、「土壇場で話が頓挫した」「急に社内で見直すことになった」などと、アクシデントを演出して、最終的に月末をやりすごそうとするのです。それが日常茶飯事になり、どう改善させてあげればよいかと、指導に悩んでいました。

原因はシンプルでした。自分のヨミが外れそうとなると、ひとつしか手立てがないので投げやりになり、いい加減な報告で逃げようとしていたのです。

売れる女性営業は、**「同時遂行力」**に長けています。ですから、ヨミが外れるという発想ではなく、常に温めている案件が複数あるようなイメージです。

いつも目標を達成している女性営業は、実は、目標達成スキルが高い人ばかりではありません。むしろ、同時に物事を進めるスキルがすぐれている人が多いのです。たとえば、

- お客さまのところに行くときには、続きの時間で近くの別のお客さまにもアポをとって近況を伺っておく
- 継続の手続きの際には、お客さまご紹介キャンペーンのチラシをお渡しする
- 打ち合わせの際には、先方のキーマンである部長のご紹介もお願いする
- 移動時間には、来週の提案資料の見直しをしておく
- 電車の待ち時間に業務報告をしておく

このスキルは、プライベートにおいても同じことがいえます。

- 料理をつくっている間に子どもの宿題を見る
- ジムで体を動かしながら、仕事のアイディアを練る

私も、いまでこそ育児や介護などで必要にかられて、物事を同時に進めるスキルが身につきましたが、もともとは苦手な分野でした。でも、同時遂行力は女性のキャリアの幅をグンと広げて、1日が24時間以上になるような効果がある魔法のスキルだと強く実感しています。ぜひ、日々のちょっとしたことから同時に進める工夫をして、このスキルを磨いていきましょう！

8 女性管理職・女性リーダーの打診があったら

業務の引き継ぎなどを通じて、後輩に営業を教えたりすることがあります。**そうしたOJT（新人育成）には、積極的に関わることをおすすめします**。とはいえ、「自分の仕事で手一杯。忙しいから暇がない！」「後輩の教育担当もしながらの営業は、どちらも中途半端になるのでは？」と、疑問や不安を持つ女性営業の方もいらっしゃるでしょう。

女性営業が、マネジメントを経験するメリットはいくつもあります。後輩にあえて教える立場になることで、自分の仕事を改めて見つめ直したり、もっとよい方法があることに気づくなど、逆に勉強になります。

お客さまを幸せにすることと、後輩を育成することには共通点があります。

営業とは、相手のために自分が働く仕事です。相手がよくなることを共有したり、喜んだりする。関わっているお客さまの売上を伸ばす。法人営業であればお客さまの会社が伸び、ブランド価値が上がり、繁盛するようにサポートする。つまり、お客さまの成長のサイクルをつくり出す仕事です。個人営業でも、商品やサービスを通じてお客さまの人生をよくする。〝相手を幸せにする〟という観点は、すべて同じです。

女性営業はどちらかといえば、自分が成長したいというタイプが少なくありません。後輩の成長とともに、自分を磨いていけることも楽しいものです。それに、**教えた後輩が、自分の仕事をサポートしてくれるようになるメリット**も享受できます。

外回りで忙しく社内を不在にしがちなときには、社内にいる後輩に電話応対をお願いしたり、自分の持っているクライアントのちょっとした手伝いをお願いしたり。自分自身の仕事の一部をサポートさせながら、後輩やメンバーに教えていくスタイルだと、後輩やメンバーの実務経験が豊かになり成長するだけでなく、教える自分も新しい仕事へのチャレンジが実現できて、一挙両得です。

営業同行で女性営業が後輩を連れていくと、「君もけっこう任されているんだね！」とお客さまからの評価が上がったりします。なぜなら、優秀な男性営業を数多く育ててきた管理職の人であっても、「女性営業を育てるのは難しい」と悩んでいるからです。

もし、あなたが「管理職やリーダーになってほしい」と頼まれたら、挑戦するだけの価値はきっとありますよ。機会があれば、ぜひチャレンジしてみましょう！

9 産休・育休から上手に復帰する方法

「産休・育休はキャリアのブランクでしかないのでは？」

「育児だけでヘトヘト。営業の仕事が加われば、ストレスは増加するのでは？」

産休前には、バリバリと営業をこなしていた女性からの、こんな相談が後を絶ちません。子どもを抱えて、急に営業現場に戻ることに、弱気になってしまうという悩みです。

なかには、営業を続けたいけど、周囲に迷惑をかけるから、配置転換をお願いしようかと頭を抱えるトップ女性営業にも出会いました。

この気持ち、痛いほどよくわかります。

私も、初めての育休が明ける前、同じように悩み、一度は仕事を辞めようかと本気で考えました。そのとき、専業主婦であった母から、こんなアドバイスをもらいました。

「**仕事を辞めるのは、いつでもできるよ。まずは、一度、がんばってみたら？**」

あれから、子供もずいぶん大きくなり、いま思うこと。

それは、あのとき、営業の仕事を辞めなくて、本当によかったということに尽きます。

産休・育休は、単なるブランクではありません。むしろ、育児の経験やスキルがキャリアのプラスになる、ということを痛感しています。

子育てには、朝も昼も夜もありません。「自分以外の誰かのために1日中全力を注ぐ」という貴重な経験は、復帰してからも必ず、営業の現場で活きてきます。

とはいえ、復帰に不安を感じる人も多いでしょう。産休・育休中は、しっかりと体を休めつつも、復帰に向けて少しずつ準備をしておくことをおすすめします。

たとえば、復帰をスムーズにするために、休暇中にも、上司や先輩との定期的なオンライン面談などを取り入れて近況報告や情報収集を試みるのもよいでしょう。現場から離れて変化についていけないかもしれないという不安を取り除くことにも一役買います。

もうひとつの準備としては、復帰前に、パートナーや家族との協力体制を整えておくこと。家事分担の当番表の作成など、ここは仕事で培ったスキルを総動員しましょう！

復帰当日には、できれば、パートナーや家族に育休など休暇をお願いしておき、子どもの急な発熱などに備えておくと安心です。

私自身も周囲の力を借りながら営業に復帰し、職場の人やお客さまにもずいぶん、応援していただきました。そのご恩を返さねばと奮闘するうちに、プレッシャーからも解放され、徐々にストレスも消えていきました。

10 営業の仕事と、子育てや介護の両立に悩んだら

最近は、子育てに加え、介護と仕事を両立する女性営業が増えてきました。そんな時代の流れから、短時間勤務など多様な働き方に対して、お客さまからご理解やご協力をいただける意識も高まってきたように感じています。

とはいえ、両立に悩む女性営業からの悩みがなくなることはありません。最近の特徴としては、会社の短時間勤務制度などハード面は整っているものの、上司の理解が得られない、パートナーの協力が思うように得られないというものです。

それが常態化してくると、こう考えるようになります。

「仕事と育児や介護の両立は、結局、どちらも中途半端になるのでは？」

「やるからには家のことを完璧にしないと、働く資格などないのでは？」

私もまだまだ発展途上の身ですから、えらそうなことは何も言えません。ですが、育児も介護も経験した私が感じるのは、**私生活と仕事の両方があるから、それぞれのありがたみが身に沁みてわかるようになった**ということです。

仕事を終えて、急いで自転車を走らせ、保育園に迎えに行ったら、子どもが「待ってました！」といわんばかりに、とびきりの笑顔で「ママ！」と抱きついてきます。それを見て、今日も一日仕事を無事終えることができてよかった、と元気をもらっていました。

父の介護をしたときも、そうです。週末に仕事を終え、いつものように広島の病院に新幹線で向かったとき、「お父さんもがんばるから、幸美もがんばりなさい」と逆に励まされ、涙が止まりませんでした。それが父と交わした最後の言葉です。

仕事をしながらの育児や介護をよりよいものにするために、一番大切なのは、**自分1人でできることは限られているということを、素直に認める**ことです。職場の上司や先輩、パートナー、ときには子どもなど周囲の力を上手に引き出す「**協業スキル**」を磨きましょう。

職場で忘れてはいけないのが、「子育てや介護をしているから、協力してもらって当然」と権利を振りかざさないこと。少しでも時間があいたら、いつもサポートしてくれている人に「今日は私が手伝います」と声をかけましょう。そういう心づかいが〝応援され力〟をアップさせます。

家庭においても、「あなたがいてくれるから、いつも助かるわ。ありがとう」とねぎらいの言葉を忘れないようにしましょう。営業で培ったスキルで、公私の相乗効果を高めましょう！

POINT!

女性営業の「幸せの法則」

- □ つらさを通り抜ければ、楽しさが待っている！
- □ ときには力を抜いて、次に備えよう！
- □ 継続の先に、ご褒美がある！
- □ 仕事を辞めたくなったら、自分にできることが残っていないか、問いかけてみて！
- □ お金以外の喜びを集めるコレクターになろう！
- □ 最後は自分の力を信じよう！
- □ 同時遂行力を高めて、仕事も人生も充実させよう！
- □ 後輩育成は、自分自身の成長のチャンス！
- □ 産休・育休での経験は、営業のキャリアに必ずプラスになる！
- □ 仕事と私生活の相乗効果で生産性を高め、素敵な人生を送ろう！

おわりに

気づきの数だけ、もっと素敵な女性営業になれる！

最後までお読みいただき、本当にありがとうございます。

「明日からの営業活動に勇気をもらえた！」「ちょっとだけ自分に自信が持てた！」「さっそく試してみたい！」と感じていただけていたら、とてもうれしいです。

もちろん、ここに書かれているすべてを、すぐに完璧にできなくても大丈夫です。どんなときも、お客さまの幸せや成功を心から願い、あなたらしく、ひとつずつ、できそうなものから試してみてください。

そして、途中で、悩んだりしたら、この本を読み返してみてください。きっと新たな発見があるのではないかと思います。

私も、いまではこうして本を書かせていただいたり、全国で数多くの企業さまの営業研修の講師として登壇させていただいていますが、これまでには、営業としてうまくふるまえずに、悔しい思いや、情けない思いをたくさんしてきました。いっそのこと、投げ出してしまおうかと思ったことさえありました。

私が初めて営業についた当時を思い返せば、「もっと自分にできることはなかったのか？」「目の前のお客さまの期待にこたえなければ」——そんな思いで、毎日があっという間にすぎていきました。

未熟な自分と向き合い、多くのお客さまや周りの人たちに支えていただくことで、多くの挫折や失敗を乗り越えることができました。その結果、営業の仕事に楽しさや幸せを見つけることができるようになりました。

おかげさまで、いまでは、営業で培ったスキルをプライベートにも活かして、よい相乗効果を発見できるようになり、自分の存在意義を感じることができています。

私も、まだまだ完璧な人間ではありません。これからも「気づきの数だけ成長できる」の精神をかたときも忘れず、いろんなことを学び、実践して、成長していきたいと思っています。


あなたの活躍を期待している人たちが、たくさんいます。

あなたと営業で出会うことによって喜ぶお客さまが、たくさんいます。

お客さまと幸せを分かち合える、そんな素敵な女性営業を目指して、一緒にがんばりましょう！

最後に、いつも私に大きな力を与えてくれている家族や友人、これまで出会ったたくさんの素晴らしいお客さま。みなさんのおかげでいまの私があります。この場を借りて、日頃の感謝の気持ちをこめて、心よりお礼申し上げます。

また、日々の業務で、なかなか執筆が進まなかったときも、根気よく支えてくださった同文舘出版の戸井田歩さまには感謝の気持ちでいっぱいです。

そして、数ある書籍の中から、この本を手に取ってくださったあなた。本当にありがとうございます。ぜひ、近いうちに研修や講演会、オンラインセッションなどで、またお会いしましょう。

営業力を高めれば、あなたの人生はきっと、さらに素晴らしいものになることは間違いないでしょう。

あなたのますますのご活躍と、ご多幸を心よりお祈りしています。

株式会社プラウド　代表取締役社長　山本幸美

著者略歴

山本 幸美（やまもと　ゆきみ）

株式会社プラウド 代表取締役社長
広島市生まれ。大学卒業後、株式会社リクルート、株式会社インテリジェンスなどで営業・人事コンサルタントとして勤務。まったく売れない時代を経験し、独自の思考法、コミュニケーション法を編み出す。その結果、全国営業社員約4,000人中1位、MVP、社長賞などを多数受賞。20代より100名以上の部下を持つマネジャーとして、かかわる支店を次々とトップに導くなど、マネジメントにおいても手腕を発揮。

2004年、株式会社プラウドを設立、代表取締役社長に就任。現在、営業力・マネジメント力強化育成事業、女性活躍推進事業、ダイバーシティ推進事業、ライフクリエーション事業などを展開。大手企業やベンチャー企業、自治体など幅広い業界からの研修や講演の依頼が絶えない。知事主催の経済・雇用加速会議委員、商工会議所や大手銀行系列のビジネスセミナー講師としても活躍。次世代リーダーとして注目され、日本経済新聞・産経新聞・ホンマでっか!?TV・「週刊ダイヤモンド」・「日経ビジネスアソシエ」・「日経WOMAN」など各メディアへの出演多数。研修や講演以外にも、これまで3万人以上の20～30代のビジネスパーソンのキャリア&ライフのカウンセリングも実施しており、ビジネスキャリアにも精通している。プライベートでは3児の母として奮闘中。

著書に『一生使える「営業トーク」』『一生使える「女性リーダー」の教科書』『一生使える「営業の基本」が身につく本』『3億売る営業ウーマンの「あなただから買いたい」といわれる32のルール』（いずれも大和出版）、『若くても信頼される人の話し方』（すばる舎）など多数。

【お問い合わせ】

株式会社プラウド　公式HPhttp://proud-japan.co.jp/

「4000人中1位の営業力、部下100名のマネジメント力が身につく山本幸美公式メルマガ」
http://www.mag2.com/m/0001327872.html

営業力を高めると、人生も楽しくなる！

売れる女性営業の新ルール

2020年8月11日　初版発行

著　者 ―― 山本幸美

発行者 ―― 中島治久

発行所 ―― 同文舘出版株式会社

東京都千代田区神田神保町1-41　〒101-0051
電話　営業03（3294）1801　編集03（3294）1802
振替00100-8-42935
http://www.dobunkan.co.jp/

ISBN978-4-495-54008-1

印刷／製本：萩原印刷

Printed in Japan 2020